PROPÓSITO CENTRAL DE VIDA
VOCÊ TEM UM GRANDE MOTIVO EM ESTAR AQUI

Editora Appris Ltda.
1.ª Edição - Copyright© 2023 dos autores
Direitos de Edição Reservados à Editora Appris Ltda.

Nenhuma parte desta obra poderá ser utilizada indevidamente, sem estar de acordo com a Lei nº 9.610/98. Se incorreções forem encontradas, serão de exclusiva responsabilidade de seus organizadores. Foi realizado o Depósito Legal na Fundação Biblioteca Nacional, de acordo com as Leis nos 10.994, de 14/12/2004, e 12.192, de 14/01/2010.

Catalogação na Fonte
Elaborado por: Josefina A. S. Guedes
Bibliotecária CRB 9/870

O482p
2023
	Oliveira, Alex
	    Propósito central de vida : você tem um grande motivo em estar aqui / Alex Oliveira. – 1. ed. – Curitiba : Appris, 2023.
	    94 p. ; 21 cm.
	
	    Inclui referências.
	    ISBN 978-65-250-4707-2
	
	    1. Vida. 2. Mente. 3. Experiência. 4. Autogerenciamento. I. Título.
	
	    CDD – 158.1

Livro de acordo com a normalização técnica da ABNT

Appris editora

Editora e Livraria Appris Ltda.
Av. Manoel Ribas, 2265 – Mercês
Curitiba/PR – CEP: 80810-002
Tel. (41) 3156 - 4731
www.editoraappris.com.br

Printed in Brazil
Impresso no Brasil

ALEX OLIVEIRA

PROPÓSITO CENTRAL DE VIDA
VOCÊ TEM UM GRANDE MOTIVO EM ESTAR AQUI

FICHA TÉCNICA

EDITORIAL	Augusto V. de A. Coelho
	Sara C. de Andrade Coelho
COMITÊ EDITORIAL	Marli Caetano
	Andréa Barbosa Gouveia - UFPR
	Edmeire C. Pereira - UFPR
	Iraneide da Silva - UFC
	Jacques de Lima Ferreira - UP
SUPERVISOR DA PRODUÇÃO	Renata Cristina Lopes Miccelli
ASSESSORIA EDITORIAL	Nicolas da Silva Alves
REVISÃO	Mateus Soares de Almeida
	João Simino
PRODUÇÃO EDITORIAL	Nicolas da Silva Alves
DIAGRAMAÇÃO	Bruno Ferreira Nascimento
CAPA	Lívia Costa

*A todos que se dedicam a serem sua melhor versão
e a impulsionar as pessoas para serem a sua melhor versão.*

AGRADECIMENTOS

Agradeço a DEUS, pelo privilégio da vida e da salvação. Agradeço pelos grandes e profundos ensinamentos conferidos a mim com o propósito de contribuir para a evolução do ser humano de uma forma ou de outra. Agradeço pelo privilégio de ser usado para revelar a sua Glória e Amor para aqueles que cruzam o meu caminho. Agradeço por todos os momentos que tomei decisões que me conduziram de uma forma ou de outra para aquilo que Ele sonhou para mim. Agradeço pelos sonhos realizados e pelos que ainda viverei e sonharei. Agradeço pelo grande Amor com que me amou e pelas misericórdias que são novas a cada manhã, ao ponto de eu não ter sido consumido pelas consequências desastrosas dos meus pecados.

À minha amada e querida esposa. Mulher companheira, ajudadora, conselheira, cuidadora, benevolente e linda. Como eu ouvi em revelação de DEUS em meus ouvidos e coração naquela noite: de que ela seria a maior bênção que me poderia ser dada. Graças ao seu amor e cuidado, hoje eu posso compartilhar desse conhecimento com mais e mais pessoas e alegrar o coração do nosso Deus e Pai.

Ao meu filho primogênito, um baita amigo. Um exemplo de compreensão e resiliência. Um menino que não deixou que as más influências dominassem o seu interior e, antes, decidiu seguir a verdade divina das escrituras como base para suas decisões.

Aos meus familiares, pilares de suporte para minha formação em tudo o que tenho e sou.

Aos meus pastores e amigos que foram e são instrumentos nas mãos de DEUS para lapidar essa pedra bruta (eu) que um dia chegou em suas vidas. Em especial, para a minha "Mainha", a Irmã Wilma, que me adotou e cuidou como um filho, como ela mesma gosta de se referir a mim: o "filho espírito" dela; ao meu "Paistor", o reverendo Antônio de Oliveira, homem de DEUS e meu pai na fé, exemplo de devoção, retidão e oração; e aos meus bispos Alex e Jeiza Pontes, que têm sido instrumentos vivos sobre o Amor de DEUS em sua Graça abundante.

E, por fim, à memória da minha querida mãe, a "Dona Lalá", que hoje não está entre nós, mas que de alguma forma já conseguia ver o que eu viveria, pois foi sempre minha apoiadora e impulsionou em muito a formação do meu caráter, deixando um legado de amor e ajuda ao próximo.

PREFÁCIO 1

Fico muito feliz em saber que um livro com esse tema chamou sua atenção e despertou seu interesse, pois sem dúvida descobrir o propósito de vida é uma das coisas mais importantes que pode acontecer com alguém!

O Propósito Central de Vida (PCV) tem como objetivo te ajudar nessa missão e te encorajar a viver.

Como cristão, eu acredito que cada um de nós nasce com um propósito, nenhum de nós estamos aqui no mundo por acaso (vide Jeremias 1:5: "Antes que eu te formasse no ventre, eu te conheci; e, antes que saísses da madre, te santifiquei e às nações te dei por profeta").

Se neste momento você tem dificuldade de encontrar a real razão para sua vida, esse programa (PCV), pelas palavras de Alex Oliveira, vai te ajudar a encontrar um sentido, trazendo significado para sua vida.

BISPO ALEX PONTES

Pastor sênior da **Cabana Church**
e autor do livro *É possível começar de novo*

(Editora Tavanti, 2017)

PREFÁCIO 2

É motivo de grande alegria para mim participar deste prefácio e ter acompanhado de perto todo o desenvolvimento desta obra, que começou muito antes da existência do livro sequer ser pensada.

Posso dizer que vejo aqui um resultado impressionante do que eu já via acontecer na vida do autor há anos. Alex sempre buscou autoconhecimento e respostas, como esta, para sua própria jornada. A ponto de ser usado de maneira incrível para ajudar tantas pessoas.

Seu perfil como autor é sempre o de trazer relatos de experiências que ele mesmo viveu na prática, trazendo conteúdos tão verdadeiros e conhecimentos adquiridos e extraídos de situações reais. Nada relatado aqui foi simplesmente inspirado apenas para escrever um livro, mas tudo o que lemos realmente é real e vivido.

Aqui está então mais uma vez o desejo do autor de transbordar conhecimento para nós e nos ativar a ser um exército que não marcha sem sentido, que não vive à toa, que não vive sem o seu Propósito Central de Vida.

Propósito Central de Vida é uma obra que nos faz viajar em quem realmente somos e sana os nossos principais questionamentos internos, nos traz clareza e aponta uma direção de respostas que já existiam em cada um de nós desde que fomos criados.

Criados sem sentido real ou à mercê de eventos que vêm e vão? Impossível.

Porém, muitas vezes nos sentimos perdidos sem entender a nossa existência como seres humanos em particular.

É aí que esta obra vem acrescentar com maestria e nos auxiliar a trilhar nossa jornada de vida na plenitude de quem realmente somos.

Permita que esta obra envolva você, mergulhe no mais profundo do seu interior, nos lugares talvez ainda nunca visitados e que esse mergulhar te leve a viver o novo de maneira natural e poderosa com aquilo que você foi criado para ser.

Acredito que esta obra trará não só esclarecimento, como também abrirá a sua mente, gerará uma ativação de corpo, alma e espírito.

O Propósito Central de Vida ativa um desejo por mais descobertas como essa e geram o sentimento de: "O que mais esse autor nos trará?"; "Quais serão suas próximas obras?"; trazendo a nós uma linguagem clara e objetiva que traz luz e clareza para questionamentos tão profundos.

Dr.ª Camila A. Bauléo Oliveira – Fisioterapeuta e esposa

SUMÁRIO

ATENÇÃO
ENTENDA O QUE VOCÊ ESTARÁ LENDO 17

QUEM SÃO AS PESSOAS AO SEU REDOR? 23

COMO TUDO COMEÇOU... 27

CAPÍTULO 1
PROPÓSITO CENTRAL DE VIDA (PCV) 33
   Propósito *versus* PCV. Qual a diferença?................ 37
   PCV é Único, Imutável e Intransferível 39
   O que realmente é o PCV? 42

CAPÍTULO 2
DESCOBRINDO O SEU PCV 47
   Encontrando seu PCV 51
   Interiorizar-se para encontrar-se..................... 55
   Voltando à infância 60

CAPÍTULO 3
PCV IN FLOW 65
   O que é estar em FLOW? 66

CAPÍTULO 4
POR QUE FLUIR NO PCV? 71
   Declaração Afirmativa.............................. 74
   Dons Naturais — qual a importância deles no PCV? 76

CAPÍTULO 5
OS PERIGOS DE NÃO VIVER SEU PCV 77
   Medo 79

CAPÍTULO 6
QUAL A ORIGEM DO CONCEITO DO PCV? 81
   Qual é a melhor maneira de resetar seu sistema operacional? . . 86

CAPÍTULO 7
CONCLUSÃO: AGORA É COM VOCÊ 89

CAPÍTULO 8
DECLARAÇÃO PODEROSA 91

CAPÍTULO 9
QUERO TE CONHECER. 93

PERIGO

A jornada do autoconhecimento é para os FORTES, ACIMA DA MÉDIA e para quem tem CORAGEM sobressalente aos dos demais, pois ela é feita de etapas e cada nova etapa terá ao seu fim as reticências...

Alex Oliveira

ATENÇÃO

ENTENDA O QUE VOCÊ ESTARÁ LENDO

Este não é um livro de "Autoajuda", pois eu <u>não</u> acredito que a ajuda mais poderosa possa vir de maneira <u>solitária</u>. Este é um livro que <u>não</u> tem a intenção de te ajudar, ele irá **esclarecer** sua mente, iluminar sua alma e elevar o seu espírito. Este é um poderoso livro de "Autoconhecimento", pois te levará a se conhecer melhor e a responder as perguntas mais antigas da sua vida.

Talvez ao ler este livro você tenha a sensação de que eu esteja descrevendo alguma etapa da sua vida, mas fique tranquilo e tranquila, não estou usando nenhum tipo de poder sobrenatural para falar com você. Só que "não existe nada de novo debaixo do sol"[1]. Tudo o que existe, já foi criado e vivido em vários momentos da história. O ser humano é e continua sendo o mesmo de 6 mil anos atrás. O que mudou foram só os meios de manifestar seus resultados, pois o meio em que vivemos mudou. Por exemplo: as portas existem há muitos anos, porém as fechaduras e as chaves para abrirem essas portas mudaram da mesma forma que a evolução das maneiras de fazê-las. Mas a função principal de chaves e portas continua a mesma.

Para ajudar a exemplificar essa afirmação vamos nos lembrar um pouco das aulas de história em que estudamos como os fazendeiros tinham que se preparar para as colheitas. Alguns esperavam pela chuva e somente por ela, mas outros não se <u>acomodaram</u> com a dependência da provisão dos céus e decidiram ser os donos de suas próprias histórias, com isso passaram a buscar uma solução para saírem dessa dependência sortida. Assim, por terem realizado tal escolha, enfrentaram vários fracassos, tentativas que não deram certo. E então reuniram pessoas com o MESMO PROPÓSITO DEFINIDO, para assim tornar a irrigação artificial uma realidade que surgiu do "nada". <u>Será que surgiu do nada mesmo?</u>

---

[1] BÍBLIA SAGRADA. Livro de Eclesiastes, capítulo 1, versículo 9.

E o que falar da facilidade que temos na vida hoje por causa da energia elétrica, ou mesmo da luz elétrica. Já parou para pensar quantos FRACASSOS e quantas PESSOAS estiveram envolvidas nesse FRACASSO?

...no seu fracasso existe uma ou até várias <u>novas</u> tecnologias para criar as chaves que irão abrir as suas portas do sucesso.

Com isso quero já te adiantar que nos próximos capítulos você receberá "CHAVES" poderosas que essas pessoas têm usado ao longo dos tempos para abrir as portas da OPORTUNIDADE de se conhecer e entender que, por meio das experiências de fracasso, um novo e maravilhoso caminho se abre para que o desconhecido passe a ser possível de viver e transmitir para além dos nossos horizontes. É imprescindível dizer que só quem vive o fracasso consegue descobrir uma NOVA CHAVE para abrir a mesma porta. Com isso quero dizer com muito carinho para você: "**no seu fracasso existe uma ou até várias novas tecnologias para criar as chaves que irão abrir as suas portas do sucesso**". E quando digo sucesso falo no âmbito mais pessoal e íntimo do ser humano. O que talvez te falte seja o conhecimento que estarei te entregando neste livro.

Sim, o CONHECIMENTO que entregarei aqui é muito mais que INFORMAÇÕES ou HISTÓRIAS contadas, pois conhecimento é a informação que foi aprovada em um desafio proposto. Ou seja, só tem conhecimento quem colocou a informação em prática e VIVEU A EXPERIÊNCIA de conquistar o sucesso.

Conhece o conto da tribo indígena americana em que todas as vezes que precisavam de chuva, eles dançavam a "dança da chuva" até chover? Alguns acreditavam que a dança fazia chover, mas outros acreditavam que a chuva viria da mesma forma se eles parassem de dançar, mas, como eles nunca paravam de dançar até a chuva, quem é que poderia dizer que eles estão certos ou errados?! **O fato é que todas as vezes que eles dançavam, a chuva vinha!**

Para que você entenda o que estou querendo dizer sobre fracassos e para que isso fique BEM CLARO vou redigir um trecho do livro *Os 10 pergaminhos*, do autor Og Mandino[2].

"O tempo ensina todas as coisas àquele que vive para sempre, mas não tenho o luxo da eternidade. Contudo, dentro do tempo que me foi concedido, vejo-me na obrigação de praticar a paciência, pois a Natureza jamais age apressadamente. Para criar a Oliveira, rainha de todas as árvores, cem anos são necessários. Em nove semanas a cebola já está velha. Eu tenho vivido como cebola. Isto não me agrada. Agora, tornar-me-ei na maior das oliveiras e, em verdade, no maior dos vendedores.

e como se realizará isto? pois não tenho nem o conhecimento, nem a experiência para alcançar grandeza e já tropeço na ignorância e caio nas águas da lamúria. a resposta é simples. começarei minha jornada desembaraçado do peso de conhecimentos desnecessários e de obstáculos da experiência sem significado....

... apenas princípios permanecem e estes eu agora possuo, pois as leis que me levarão à grandeza estão contidas nas palavras dos pergaminhos. o que eles ensinarão

---

[2] MANDINO, Og (Augustine Mandino) (12 de dezembro de 1923 — 3 de setembro de 1996) foi um escritor nascido na Itália e que viveu nos Estados Unidos da América. Fonte: Wikipédia.

será mais evitar o fracasso do que obter o êxito, pois o que é o êxito senão um estado de espírito? dois entre mil sábios, se tanto, definirão o êxito nas mesmas palavras, enquanto o fracasso é sempre descrito de apenas um modo. o fracasso é a incapacidade do homem em atingir seus objetivos na vida, sejam eles quais forem. "

Este livro que você está lendo agora não é para você não fracassar, mas é para que você aprenda com os seus próprios fracassos e com os fracassos de outros que já trilharam o trajeto semelhante ao seu. <u>Aprender com os próprios erros é inteligente e gera experiência, já aprender com os erros dos outros é ser sábio e é transferência de experiência.</u>

QUEM SÃO AS PESSOAS AO SEU REDOR?

> *Aquele que anda com sábios será cada vez mais sábio, mas o companheiro dos tolos acabará mal.*
> *(Bíblia Sagrada)[3]*

É sabido de muitos que a maioria dos resultados (bons ou ruins) na vida de uma pessoa tem cerca de 85% de participação do meio vivido, ou seja, o local geográfico e social. Então, se queremos mudar, é preciso mudar. Parece um "chavão simplório", mas nas simplicidades da vida é que se encontram grandes sabedorias.

Existem grupos de pessoas que só precisam das outras pessoas, mas existem outros grupos que compartilham necessidades entre si e crescem mutuamente. Todos precisamos uns dos outros para vivermos, sem exceção, mas as pessoas que só precisam dos outros e não compartilham nada; são como um saco furado: sempre estão vazias e em busca de mais. Já quem compartilha sempre evolui, pois "trocam" uns com os outros, a fim de encontrar crescimento.

Para parar de precisar de pessoas e passar a COMPARTILHAR com elas, é necessário mudar em primeiro lugar o meio em que se vive, depois os pensamentos e ações. SIM, primeiro é preciso mudar o meio.

Vamos pegar um exemplo de uma pessoa que esteja dependente química. Como geralmente é feito o trabalho de DESINTOXICAÇÃO dessa pessoa? Primeiro ela é levada para um lugar de CURA, longe do meio tóxico. Ali, com pessoas diferentes, profissionais treinados e técnicas comprovadas, será proporcionada para essa pessoa uma força externa (meio) que visa a ajudar a mudar os pensamentos internos e as ações.

---

[3] BÍBLIA SAGRADA. Livro de Provérbios, capítulo 13, versículo 20.

Logicamente, é fato confirmado que se tal pessoa não quiser mudar, nada adiantará. Mas as novas experiências desse novo meio de convivência irão criar novas memórias, sentimentos, prazeres e desprazeres que a acompanharão pela sua jornada de vida.

Venha comigo nessa JORNADA de autoconhecimento, caminhe comigo capítulo por capítulo e vou te mostrar como é possível para você também aprender com os seus fracassos e os de outrem para construir uma vida fantástica, conhecer e fluir no seu Propósito Central de Vida (PCV) ao ponto de deixar um legado para todos que quiserem COMPARTILHAR com você desse propósito.

Desejo uma boa leitura e uma jornada maravilhosa na companhia dos seus melhores e mais poderosos pensamentos e sentimentos. Com isso desejo fortemente que entenda que você NÃO ESTÁ AQUI POR UM "ACASO".

Que a paz esteja contigo!

Um abraço forte do "irmão urso" e um beijo no seu coração.

ALEX OLIVEIRA

COMO TUDO COMEÇOU...

Eu quero compartilhar com você, querido leitor e querida leitora, uma parte íntima da minha vida e que me levou a entender, compreender e clarificar o que eu chamei de Propósito Central de Vida ou simplesmente PCV.

Desde minha infância, lá pelos anos 1980 e 1990, sempre fui aquele amigo a quem os outros buscavam afirmações, conselhos e/ou parcerias. Eu era o responsável por analisar ou motivar os projetos e ideias, sejam para coisas certas ou não tão certas assim.

Por exemplo, se queríamos ficar jogando bola, bolinha de gude ou videogame a tarde toda, nos juntávamos nas casas dos amigos e a conversa era sempre a mesma: "tem que levar o Alex, porque com ele lá minha mãe poderá deixar a gente jogar". Não me lembro se eu fazia a carinha do "gato de botas" do filme do Shrek[4] ou se era porque eu não tinha aqueles brinquedos em casa e então isso motivaria aqueles pais a se deixarem convencer. O fato é que isso era quase sempre uma verdade. Então, eu sempre estava conversando e era ouvido por crianças e adultos de uma forma ou de outra.

Com isso cresci com essa habilidade sendo lapidada cada dia mais. Ou seja, me tornava aquele que as pessoas gostavam de ouvir em momentos de reflexão, motivação e tomadas de decisão.

Mas o momento crucial em minha vida foi quando entreguei minha vida a Jesus, o Cristo, em meados de 2005. Nessa época eu já havia falhado demais em minha vida, tinha por volta dos 23 anos de idade e já havia tropeçado em muitos dos meus próprios conselhos sendo que o mais evidente "tropeço" era o de ter relações sexuais sem preservativo. Sabe aquele dito popular: "aquele que aconselha, antes viva seus próprios conselhos"?! Pois é, esse fato, como tudo na vida, produziu consequências e no meu caso foi uma gravidez não planejada. Eu tinha apenas 17 anos e ainda estava cursando o último

---

[4] SHREK – Filme da DreamWorks Animation, 2001.

ano de ensino médio. Consegue imaginar como essa situação atípica trouxe problemas para a vida de todos os que estavam ligados de forma direta e indireta a isso?

Abro um espaço aqui, pois logicamente que muitos formadores de opinião hipócritas podem dizer algo do tipo:

— Gerar um filho jamais será um problema, pois é uma dádiva de DEUS — ou;

— Quantas pessoas gostariam de gerar filhos e não têm a possibilidade. Que absurdo chamar um filho de problema!

... entre outras coisas semelhantes.

Vamos deixar claro uma coisa: meu filho NÃO É, NUNCA FOI e NUNCA SERÁ um problema na minha vida. Mas o "fato" de como ele foi gerado é, sim, uma situação não planejada que fará a vida de qualquer pessoa mudar da água para o vinho. Pois tudo o que não foi programado e que precisará de responsabilidade para gerir, prover, cuidar, proteger, instruir e tantas outras coisas, será um novo problema para ser resolvido. Pense a respeito: como é que duas crianças poderiam cuidar sozinhas de uma terceira, que não tem culpa alguma e que não pediu para nascer?

Por isso, chamo aqui de um "tropeço" diante dos conselhos que eu por diversas vezes falei aos meus amigos e colegas e que por diversas vezes também tais conselhos não fizeram parte da minha vida. Finalizo o espaço ora citado.

Com tudo isso em mente e em fatos consumados, durante o meu processo de conhecimento da Pessoa de Jesus e seus ensinamentos, eu busquei ter uma nova vida, como me fora ensinado: "eis que tudo se fez novo"[5]. E nessa nova vida eu não queria mais falhas em meus aconselhamentos, não queria mais tropeçar neles, antes queria vivê-los de forma intensa e verdadeira.

---

[5] BÍBLIA SAGRADA. Segunda Carta de Paulo aos Coríntios, capítulo 5, versículo 17.

Assim me peguei a estudar as escrituras sagradas que contêm ensinamentos milenares para que eu pudesse ter uma vida com Propósito. Nessa mesma época conheci o livro *Uma vida com propósitos*[6] e comecei a trilhar esse caminho de conhecer o verdadeiro motivo da minha vida nessa terra. Não queria apenas seguir pelo famoso jargão: "Nascer, crescer, se multiplicar, plantar uma árvore, escrever um livro e morrer". **Mas eu queria viver uma vida que fizesse sentido.** Afinal, entendi que nada é por acaso no grande projeto do Arquiteto do mundo.

E foram nesses estudos e experiências bem vividas que cheguei a um grande impasse na minha caminhada. Entendi, de uma forma bem dolorosa, que, por mais que você conheça a DEUS, busque a revelação da Sua vontade, e tenha certeza do que precisa ser feito naquele momento, tudo poderá mudar. Sim, acredite. TUDO mesmo. Vou te contar um pouco mais.

Eu já trilhava um caminho de intimidade com o Espírito de Jesus e também já até estava habilitado a ensinar as escrituras sagradas. E tudo quanto fosse decisão na minha vida era pautada em "jejum e oração" — *prática ensinada nos livros da Bíblia Sagrada e em outros livros e culturas religiosas para atingir um nível de separação (santificação) dos pensamentos humanos e egoístas* — isso para caminhar "sem erros" no propósito que havia para mim. Então, é claro que para eu iniciar um namoro eu não faria de qualquer forma. Orei, jejuei, abri campanha de oração no "monte", li a bíblia sagrada em buscas de respostas, pedi confirmação para DEUS em mim, para a moça pretendida e em algumas pessoas importantes para nós. Enfim, a cada dia que passava, tudo foi se encaixando e uma a uma as confirmações eram testificadas. Após esse período, começamos o namoro com o propósito de nos conhecermos mais e de caminharmos juntos até o altar para construir uma família abençoada por DEUS. Para que noivássemos, trilhei os

---

[6] WARREN, Rick. Livro: *Uma vida com propósitos: você não está aqui por acaso.*

mesmos caminhos de oração, jejum, campanhas, confirmações etc... Nesse momento, você até pode pensar: depois de tudo isso e de tantas confirmações, ele se casou com essa moça e viveram felizes para sempre.

    É!? Não foi bem assim. E aqui foi um GRANDE marco para o meu aprendizado sobre o PCV na vida do ser humano. Aqui eu descobri, vivendo, que nossas escolhas realmente mudam nosso presente e muito mais o nosso futuro. Não somente o nosso, mas de todos os que estão ao nosso redor, seja direta ou indiretamente. Entendi que DEUS não é pego de surpresa e que também não mente, mas nos responde até onde temos "maturidade" para ouvir. Eu explico.

    Quando você está próximo a uma criança que quer colocar o dedo dentro do buraco da tomada, você explica para ela que ali existe uma corrente elétrica e que, ao entrar em contato com o dedo dela, pelo fato de ela estar conectada ao chão, isso causará um efeito de aterramento elétrico e o corpo dela agirá de forma condutora fazendo que isso gere um choque elétrico que poderá causar danos e até morte OU você apenas diz: "NÃO COLOQUE O DEDO AÍ?!". Lógico que se for uma pessoa mais prevenida, as tomadas da sua casa estarão com proteção contra dedinhos curiosos.

    Pense em DEUS como muitíssimo prevenido. Tão prevenido ao ponto de ter vários caminhos alternativos para que você cumpra o propósito que Ele planejou para você e que te farão muito feliz, mas muito mesmo, tão feliz que todos à sua volta também poderão receber dessa felicidade plena, pura e limpa sem esperar nada de volta. Pensou? Isso é o que descobri com essa experiência do término do meu noivado. Não foi fácil. De verdade, não foi. Porém desse limão aprendi a fazer uma limonada.

    Com essa experiência, somada a tantas outras e aos estudos sobre como cumprir o meu propósito de vida nessa terra, entendi e instruí centenas de pessoas por onde tenho passado a também entenderem que TUDO convergirá ao seu PCV. Por mais que você dê "murros em pontas de faca", ou "bata com a cara na parede" ou qualquer outro ditado popular que queira usar, o ser humano sempre será atraído para dentro de si para conhecer o seu REAL e ÚNICO motivo de vida.

Com este livro, espero te conduzir a esse conhecimento.

CAPÍTULO 1

PROPÓSITO CENTRAL DE VIDA (PCV)

---

*Costumo declarar que um <u>entendimento equivocado</u> conduz a uma crença equivocada; consequentemente, ao <u>lugar errado</u>.
Em contrapartida, um <u>entendimento correto</u> conduz a uma crença correta; consequentemente, ao <u>lugar correto</u>.*
(Luciano Subirá)[7]

As perguntas mais antigas da humanidade são:

- "De onde viemos?";
- "Para onde vamos?";
- "O que acontece depois da morte?" e por aí vai...

Mas existe uma em especial, o que este livro busca te responder, para a qual é mais fácil se encontrar a resposta e esse encontro derruba uma tonelada de pesos dos nossos ombros além de te ajudar a responder muitas outras perguntas que vier a sua mente. E talvez você mesmo esteja lendo este livro e não tenha ainda essa resposta. Essa pergunta é: "PARA QUE EU NASCI?".

---

[7] SUBIRÁ, Luciano. *Graça transformadora*. Editora Vida, 2022. Página 13. Marcações do autor local.

Pense rápido, se eu estivesse frente a frente com você e te perguntasse:

— Para que você nasceu?

Qual seria sua resposta?

— Ah!!! — Talvez você começasse a se expressar assim e continuaria: — Não sei bem ao certo

Ou até diria:

— Nasci para crescer e reproduzir.

Ou até:

— Pra ser feliz — etc...

Todas as vezes que tive a oportunidade de fazer tais perguntas em minhas palestras ou individualmente, recebi várias respostas. Mas, na maioria das vezes, eram respostas vagas como essas que exemplifiquei. Então, eu decidia ajudar fazendo uma outra pergunta:

— O que você está deixando de LEGADO para as outras pessoas que passam e passaram em sua vida?

Essa segunda pergunta é muito poderosa, pois qualquer ser humano foi programado a entregar resultados e, quando somos confrontados sobre tais resultados, somos levados a pensar sobre isso. Com isso, quero te perguntar novamente:

"O que você está deixando de LEGADO para as outras pessoas que passam e passaram em sua vida?"

Mas me deixa fazer uma ressalva aqui, não pense com CULPA sobre você, pois não estou aqui para CONDENAR você. Então não precisa se julgar. Somente pense um pouco sobre o assunto. Não sou aqui um inquisidor que irá te condenar ao "fogo do inferno". Quero te lembrar que estamos aqui em uma JORNADA de autoconhecimento. Então, respire fundo e pense novamente na pergunta:

— O que você está deixando de LEGADO para as outras pessoas que passam e passaram em sua vida?

Agora, com sua resposta em mente, se for possível, escreva aqui nesse espaço, pois será muito útil para nossa jornada.

Agora, com essas informações bem latentes e até por escrito, vamos falar do seu PCV e entendermos, juntos, a resposta dessa pergunta tão intrigante, além de perceber que tipos de resultados poderão ser gerados na sua vida. Topa?!

Você já deve ter ouvido falar que são as perguntas que regem o mundo e não as respostas. Acredito nisso como verdade, pois as respostas servem para ajudar quem está em busca delas, mas as perguntas servem para nos levar a um nível a mais de profundidade e conhecimento. Pessoas que "fluem" em seu PCV — e vamos falar mais sobre esse fluir nos próximos capítulos — não são pessoas "normais". Pessoas normais não questionam, não insistem, não mudam, e, para transformar fracassos em meios para o sucesso, não dá para caminhar no âmbito do normal.

> *Ser normal é a meta ideal dos fracassados, de todos que se acham ainda abaixo do nível geral de adaptação. Mas para as pessoas que vão além da média, para aqueles que nunca encontraram dificuldades em obter sucesso e cumprir sua parte de tarefas no mundo, a compulsão a ser unicamente normal representa o suplício, um tédio insuportável, um inferno estéril, sem esperança.*
>
> *(Jung)*[8]

Assumamos juntos aqui um compromisso de termos aversão a tudo o que é normal demais. Mas aceitemos o simples, pois as respostas mais simples são em suma as mais verdadeiras e profundas. Ouse perguntar pra uma criança por que ela gosta de doce e em sua simplicidade ela responderá: "Porque é GOSTOSO!". Isso basta, não é verdade?! Ela não precisa explicar que o açúcar do doce causa uma sensação de euforia interna a mexer com seus hormônios e blábláblá.

Fiquemos no SIMPLES, mas não aceitemos o NORMAL.

Com isso, eu explico em uma única frase: **Propósito Central de Vida (PCV) é o motivo único de existirmos**. Simples assim.

Entenda motivo: "Causa; razão. Fim com que se faz alguma coisa"[9].

---

[8] JUNG, Carl. Em site *Pensador* do link: https://www.pensador.com/frase/MTA4NjU3OA/.
[9] MOTIVO, em Dicionário Priberam da Língua Portuguesa [em linha], 2008-2021, do link: https://dicionario.priberam.org/motivo. Consultado em: 30 abr. 2022.

Cada um de nós somos seres únicos. Olhemos para as pesquisas científicas de unicidade do ser humano que trazem características singulares como o fato da íris ser única, o DNA, as digitais, ondas cerebrais etc. Assim também o é o seu PCV. Vamos um pouco mais a fundo agora.

Respire fundo...

> *Mas aceitemos o "simples", pois as respostas mais simples são em suma as mais verdadeiras e profundas.*

PROPÓSITO *VERSUS* PCV. QUAL A DIFERENÇA?

De acordo com o dicionário, o substantivo Propósito é a **GRANDE VONTADE DE REALIZAR** ou de alcançar alguma coisa[10].

Partiremos desse entendimento como princípio para entender o que disse de uma forma bem simples anteriormente. O Propósito Central de Vida é uma forma que encontrei para explicar aquela GRANDE VONTADE DE REALIZAR que existe bem lá dentro, bem no fundo de cada um de nós.

Todo ser humano tem uma vontade enorme de fazer algo que beneficie os outros independentemente de sermos diretamente beneficiados ou não. Eu disse que todos nós temos essa vontade. Se você sente que não tem hoje, é porque perdeu durante a sua jornada de vida. Nos próximos capítulos usaremos algumas ferramentas para te ajudar a encontrá-la. Mas, no momento, fique com essa verdade sobre seu coração e sua mente: **todos nós temos algo único a fazer na vida**. Algo que somente você pode fazer. Um presente confiado unicamente para cada um de nós.

---

[10] DICIO – Dicionário Online de Português. Site: https://www.dicio.com.br/proposito/.

Ou seja, se não realizarmos tal feito, esse nunca será descoberto, pois é <u>único</u>. Sabe aquele jeito que só sua mãe tinha de te olhar e descobrir tudo sobre você? Aquele abraço que só o seu pai sabia te dar? Aquele conselho que só aquela pessoa querida tinha na hora certa? Pois é, isso são exemplos de habilidades únicas dadas ao ser humano. Não tinha como sua mãe tentar explicar para você, ela apenas sabia e dizia: "te conheço, meu filho", ou mesmo "Sei muito bem o que está acontecendo nessa cabecinha, minha filha querida". O abraço do seu pai não era uma técnica diplomática. Aquele conselho da pessoa querida não era sobre estudos de PHDs de universidades renomadas. Eram apenas habilidade naturais deles. Habilidades como essas são únicas, ou dádivas entregues a cada indivíduo. O fato é que existe também uma ou várias habilidades internalizadas dentro de cada um de nós que são únicas e estão esperando o nosso posicionamento em nosso PCV para afluírem para fora e nos ajudarem a tocar quem estiver ao nosso redor.

Muito importante é não confundir o PCV com "missão de vida", ou "chamado", ou até "ungido para", pois todas essas coisas acontecem dentro do PCV e têm total ligação com ele, mas o fato de estarem acontecendo dentro do PCV não significa que elas o seriam. Veja os seguintes esses exemplos simples.

O carro se movimenta por ter alguma energia proporcionando o movimento, mas essa energia não é o carro e nem o poderá sê-lo. O carro faz uso da energia para cumprir seu propósito central que é transportar pessoas de um lugar ao outro. Então a energia do carro não é o PCV. O movimento do carro não é o PCV. O vento batendo no rosto do motorista desse carro não produziu o PCV. Faz sentido isso para você?

Agora imagine uma guerra entre países. Qual é a "GRANDE VONTADE DE REALIZAR" ou o "Propósito Central" de cada país que está nessa guerra? Logicamente é vencer a guerra para conquistar o objeto desejado. Mas, quando o seu exército recruta soldados, esse não pode ser o único propósito a ser realizado, pois o Exército tem um propósito (MISSÃO) diferente da Aeronáutica e da Marinha, que por sua vez também têm alvos ou metas (CHAMADOS) específicos e liderados por pessoas específicas (UNGIDOS PARA) que foram treinadas em especialidades únicas.

Fazendo essa alegoria, podemos concluir que todos vão para vencer a guerra (PCV), cada equipe com seu propósito (missão) e liderados pelos seus ungidos (líderes).

Um coronel não pode falar para seus soldados simplesmente: "VAMOS VENCER ESSA GUERRA", ele tem que ter um discurso que os conecte no mesmo *propósito comum* e que faça sentido a cada um deles. Vamos imaginar um discurso que esse coronel (ungido para) poderia fazer aos seus liderados:

"Nós vamos entrar nesse campo de batalha hoje para lutar, viver ou morrer, mas para vencer e ao vencermos nunca permitirmos que nossos inimigos abusem de nossas filhas e filhos, maltratem nossas esposas, matem nossos irmãos, escravizem nossos pais e avós. Lutemos hoje por todos eles e por todos aqueles que poderão viver em uma terra livre de guerras e mortes, pois hoje poderemos até cair, mas se cairmos outro virá sobre nosso caminho para ferir nosso inimigo e livrar aqueles que amamos.

O *propósito comum* é poderoso para ativar nossas missões individuais, mas ainda não ativam nosso Propósito Central de Vida. Então, não confunda PCV com os demais tipos de propósito.

Afinal, **Propósito Central de Vida é o motivo ÚNICO de existirmos**.

PCV É ÚNICO, IMUTÁVEL E INTRANSFERÍVEL

O sucesso não poderá ter uma medida final na vida de uma pessoa que flui em seu PCV, pois ele NUNCA TERÁ fim...

Entender e aceitar como verdade que o PCV é único, imutável e intransferível irá facilitar, bem como economizar muita energia em uma grande caminhada, além disso te levará a ter resultados incríveis como pessoa.

Primeiro que aceitar isso é <u>se</u> aceitar como uma pessoa <u>ÚNICA</u> e <u>ESSENCIAL</u> no planeta nesse tempo chamado Hoje. Ninguém pode fazer o que você faz, como você faz. Ninguém pode pensar no que você pensa como você pensa. Ninguém pode ver o que você vê como você vê. Ninguém pode tocar no que você toca como você toca e por aí vai em uma imensa lista de coisas e maneiras únicas.

Pergunto: se você tentar usar um vaso sanitário ao invés de um prato para comida, certamente não seria um uso ideal para tal feito. Correto?

Mas te faço outras perguntas: eles não são feitos do mesmo material? Não é tudo porcelana, na sua maioria? Ou pelo menos revestidos de porcelana?

O que quero enfatizar aqui é que não tem como você pedir para outro fazer o que você foi criado para fazer, mesmo que o material de fabricação seja o mesmo.

Talvez você pense que só porque é mulher, criada no interior do estado com muitas limitações financeiras, você não seja capaz de realizar uma tarefa de cuidar de pessoas necessitadas. Talvez pense: "Isso é para quem nasceu em 'berço de ouro', quem tem dinheiro sobrando e pode construir uma ONG". Mas se no seu coração, bem lá no fundo, estiver o GRANDE DESEJO DE REALIZAR e se decidir fazer isso acontecer e tiver uma oportunidade de fazer, por mais frustrada que você se encontre, VOCÊ FARÁ COMO NINGUÉM PODERIA FAZER. E, se tentar passar para outra pessoa, ela NÃO FARÁ como você faria. Pode até ter sucesso, mas não será como você faria.

Em falando de sucesso, entendamos o que estamos fazendo aqui. Conhecer o seu PCV não é sobre o sucesso nas obras que você terá. **Conhecer o seu PCV é sobre a vida espetacular que você VIVERÁ**. O sucesso não poderá ter uma medida final na vida de uma pessoa que flui em seu PCV, pois ele NUNCA TERÁ fim. Isso falaremos nos capítulos futuros.

Vamos falar de um objeto que é comum para todos. O semáforo.

Pergunto: todos os semáforos são iguais?

A resposta é NÃO.

Os propósitos deles são iguais?

A resposta permanece em NÃO.

Mas os padrões são iguais?

Também é NÃO.

O que os semáforos têm em comum?

A sua função. Ser um sinal de indicação. Tudo bem até aqui? Não perca o raciocínio.

· Podemos pegar um semáforo de pedestre e colocar para guiar navios no porto?

Podemos pegar um semáforo de linha férrea que dá indicações aos maquinistas e coloca-los para guiar os ciclistas em uma ciclovia?

Talvez alguém pense com a cabeça de brasileiro: "dando um jeitinho até daria". Pois bem, dando um jeitinho até funcionaria de uma maneira ajustada, mas, não PERFEITA. Talvez muitos estejam dando um jeitinho na vida e não vivam o extraordinário. Mas isso é um tema para um outro livro.

O seu PCV é da mesma forma. Se você não fizer aquilo para o que nasceu para fazer, ninguém poderá fazer de maneira perfeita. Ou seja, você não estará perfeito, quem executará no seu lugar não estará no lugar perfeito e quem receberá as "obras" também não. Aqui é onde o resultado da vida extraordinária começa a ser revelado. Você não estará vivendo uma vida plena até que esteja vivendo o seu PCV. Quando digo "vida plena", não é uma vida sem problemas, erros ou falhas. Mas enfatizo sobre uma vida plena de felicidade, amor, autoconhecimento etc.

Em resumo o que é imprescindível para entender até aqui é que, SE VOCÊ NÃO VIVER O SEU PCV, NINGUÉM VIVERÁ. Sendo assim, sua vida não será completa, a insatisfação sempre baterá à sua porta, suas realizações nunca serão o bastante e, o pior de tudo, a sua ENERGIA VITAL não receberá recargas absolutas.

O QUE REALMENTE É O PCV?

Cumprir o PCV é doar para o outro sem esperar o retorno do mesmo, no entanto, só o fato de cumpri-lo já produz internamente a melhor energia necessária para se viver aqui nessa vida.

Agora que fizemos algumas comparações, fica mais simples te explicar o que é o Propósito Central de Vida (PCV) e para que ele serve.

O PCV é a resposta mais simples e clara para as perguntas iniciais deste capítulo, ou seja, o POR QUE e/ou PARA QUE você nasceu. O PCV é o principal motivo de estarmos vivos nesta terra. Independentemente de crenças religiosas ou não, o fato é que todos nascemos para cumprir um propósito maior para com o próximo. Não somos seres que conseguem viver sozinhos e isolados. Diversos estudos científicos podem confirmar isso para você, basta realizar uma pesquisa mais a fundo para entender que os seres humanos não nasceram para viverem sozinhos. Mas quero trazer à tona um caso da cultura pop mundialmente conhecido e que trouxe algumas realidades sobre o tema.

PROPÓSITO CENTRAL DE VIDA

O filme *Náufrago*[11], interpretado por Tom Hanks, nos mostra um pouco dessa realidade da mente humana sobre o viver solitariamente. A solidão é tão real que o personagem Chuck faz amizade com uma bola de vôlei e a trata como se fosse um ser vivente ao ponto de sofrer uma depressão profunda pela perda do "amigo".

Quantas pessoas vivem isoladas com amigos imaginários para se sentirem inseridas na realidade que possa lhe trazer uma satisfação de vida e recarregar suas energias.

Pois bem, o PCV é feito de você para o outro. Não é para você. <u>Não é para uso próprio</u>. É sempre para o outro, sempre o dar, o doar, o entregar, o fazer para. Isso é o PCV!

O mais engraçado e também o mais lindo disso tudo é que, ao CUMPRIR o seu PCV, você é recarregado igual ao Superman quando recebe a luz solar; ou como o Capitão América que tomou o soro do supersoldado; ou como o nadador que sobe para a superfície para recuperar o ar; ou como a criança de colo que recebe o leite materno no carinho e conforto do colo de sua mãe; ou como a barriga faminta que recebe alimento; ou como o corpo cansado que toma um banho relaxante e deita em uma cama confortável.

Cumprir o PCV é doar para o outro sem esperar seu retorno e, no entanto, só pelo fato de doar, já produzir internamente a melhor energia necessária para se viver aqui nessa vida.

Não posso dar um nome a essa energia, pois ainda desconheço alguma catalogação dela, mas o que posso garantir para você é que se parece muito com a soma de amor próprio com gratidão mútua elevado ao quadrado. Se pudesse expressar em fórmula matemática seria como:

- Energia PCV = (Amor Próprio + Gratidão Mútua)^2

---

[11] CAST AWAY (Náufrago) 2000. Aventura/Drama. 2h 23m.

Vou compartilhar um caso real para exemplificar, protegendo nomes e locais para preservar as pessoas.

Quando comecei a entender e a descobrir o meu PCV, aceitei fazer um trabalho voluntário em um dos momentos mais difíceis da minha vida financeira e sentimental, ou seja, não estava apenas quebrado financeiramente, eu também o estava emocionalmente. No entanto, a doação foi total para que aquela ação (missão) fosse bem-sucedida. Eu me sentia tão bem fazendo o que estava fazendo que, mesmo dormindo até 2 horas ou menos por dia, não me faltou saúde e nem energia para cumprir todas as tarefas e responsabilidades que estavam sobre mim. Eram mais de 300 jovens e adolescentes e eu fui, de última hora, incumbido de preservar suas integridades físicas, emocionais e espirituais. Lógico que eu não estava só nessa missão, pois existia uma equipe trabalhando para o mesmo propósito, no entanto era eu quem deveria liderá-los. O interessante é que havia me voluntariado para contribuir apenas em algumas atividades, mas de última hora eu fui o escolhido para liderar a equipe e me responsabilizar por todo o evento, além das responsabilidades com os pais e responsáveis daquelas pessoas. Isso me fez ficar "ligado" cerca de cinco dias seguidos com as condições precárias para sobreviver naquele local improvisado para tantas pessoas. Vários abrigados em barracas de camping, outros em colchões ao relento, condições de banho precárias e por aí vai. Eu nunca tinha recebido tamanha responsabilidade assim até a idade que eu estava — entre 22 e 24 anos, não me recordo ao certo. No entanto, essa missão veio de encontro ao meu PCV e eu sentia-me restaurado fisicamente, mentalmente, sentimentalmente e espiritualmente diante de tudo o que fazia e realizava. Ao final dos cinco dias, o corpo estava realmente tão cansado que dava sinais de que iria cair e que precisaria de ao menos uma semana de descanso, mas na verdade não precisou de muito. Foi apenas uma noite "comum" de descanso para que a vida continuasse a seguir seu trajeto normal. Um detalhe importante para citar é que sou uma pessoa que gosta de dormir muito. Ou seja, oito horas de sono para mim é uma necessidade fisiológica. Então, em uma situação normal para aquele tempo, eu precisaria de no mínimo uma semana para me sentir recuperado.

A experiência de cumprir essa missão dentro do meu PCV é tão marcante que, ao escrever essas linhas para você, o meu espírito salta de alegria e a energia ressurge dentro de mim. Aqui aproveito para citar isso para você. Essa energia é viva. Não é apenas para aquele momento, em todas as vezes que reviver aquele momento na sua alma, essa energia será reativada dentro de você. Isso não é incrível?

Com tudo isso dito, quero ao menos te dar mais um exemplo do que é o PCV, da forma que realmente me foi dito e como pude entendê-lo ao ponto de usar desse conhecimento para conseguir "ativar" muitas pessoas em seus PCVs e para as ajudar a trilhar o caminho de como **fluir** nesse grande e importante rio.

Nesse outro caso, falo do caso da Maria (nome fictício). Maria é viúva, com três filhos e cinco netos. Vive em sua casa com seu filho caçula. O PCV dela é o de conectar pessoas. Ela é um "conector" — no capítulo três você irá entender o porquê de identificarmos as pessoas a palavras ou objetos quando identificamos o PCV delas. Por ser assim ela sempre está levando pessoas a conhecer outras pessoas e isso ela faz no trabalho e também como voluntária em uma igreja local. Já vi a dona Maria passar horas conversando com pessoas diferentes buscando maneiras de conectá-las a outras e assim conseguir ajudá-las em suas necessidades. Perguntei por diversas vezes se ela não queria descansar e a resposta era sempre a mesma. Lógico que ela queria descansar, mas o desejo ardente dentro do peito fazia ela fazer mais e mais, e, a cada vez que fazia, era revigorada em sua essência.

Fica bem claro, quando analisamos as pessoas fazendo o que elas nasceram para fazer em favor de outras pessoas, o entendimento de que nenhum ser humano nasceu para viver só, de forma isolada para sempre. O que nas milenares escrituras já estava escrito. Poderia citar alguns textos, mas quero citar o primeiro deles, que é:

"E disse o Senhor Deus: **Não é bom que o homem esteja só**; far-lhe-ei uma ajudadora idônea para ele"[12].

Percebamos que o Grande Criador já deixou registrado que não é bom que vivamos só. Isso nos instrui um modo de vida que nos trará mais e mais momentos de felicidade, saúde mental, emocional etc.

Agora que você já sabe o que é PCV, a pergunta que fica é: você conhece o seu PCV? Se "sim", quero encorajar você a fluir nele, e, se "Não", vamos te ajudar nos próximos capítulos.

---

[12] BÍBLIA SAGRADA. Livro do Gênesis, capítulo 2, versículo 18 – versão Almeida Corrigida Fiel.

CAPÍTULO 2

DESCOBRINDO O SEU PCV

Se um homem não descobriu nada pelo qual morreria, não está pronto para viver.
(Martin Luther King Jr)[13]

O sentido de viver é compartilhar tudo o que temos de bom com os demais, mas não somente isso. Compartilhar as nossas fraquezas com os que são fracos também é muito importante, pois, como pessoas, nos conectamos mais nas fraquezas do que nas fortalezas. Nos conectamos muito mais nas tristezas do que nas alegrias.

Já percebeu como é mais fácil as pessoas compartilharem de momentos tristes do que de momentos alegres? Pois em momentos alegres a inveja, a ganância, a falsidade vem à tona de forma natural. Já nas tristezas, principalmente nas mais profundas, até quem estava distante pode se aproximar com o intuito genuíno de ajudar. É claro que existem exceções a essa regra natural da vida, mas na sua maioria é assim que acontece. É tão verdade isso que os tipos de pessoas com más intenções fazem uso dessa informação. Ou você não conhece histórias de pessoas que foram levadas para caminhos tortuosos por meio de convites que aconteceram nesses momentos de fraquezas?

---

[13] King Jr., Martin Luther. Essa frase foi dita por Martin Luther King Jr. em um discurso na Ebenezer Baptist Church, em Atlanta, Geórgia, em 9 de fevereiro de 1968.

O seu PCV tem tudo a ver com isso que falei e com a citação de Martin Luther King, pois fomos criados para contribuir, compartilhar e colaborar com o outro. Isso é tão forte que o próprio Jesus contrariou as dezenas de regras do seu povo e resumiu tudo em dois mandamentos:

E Jesus respondeu-lhe: O primeiro de todos os mandamentos é: Ouve, Israel, o Senhor nosso Deus é o único Senhor. Amarás, pois, ao Senhor teu Deus de todo o teu coração, e de toda a tua alma, e de todo o teu entendimento, e de todas as tuas forças; este é o primeiro mandamento. E o segundo, semelhante a este, é: **Amarás o teu próximo como a ti mesmo.** *Não há outro mandamento maior do que estes. E o escriba lhe disse: Muito bem, Mestre, e com verdade disseste que há um só Deus, e que não há outro além dele; E que amá-lo de todo o coração, e de todo o entendimento, e de toda a alma, e de todas as forças, e amar o próximo como a si mesmo, é mais do que todos os holocaustos e sacrifícios.*
(Bíblia Sagrada)[14]

Amar a DEUS com toda a nossa força é semelhante a amar ao outro — *próximo* — como a ti mesmo. Já parou para pensar nisso? Mas como vou amar ao outro se não sei qual a forma certa de amar? Como posso amar a DEUS se nem acredito que ele exista?

---

[14] BÍBLIA SAGRADA. Livro do Evangelho de Marcos, capítulo 12, versículos de 29 a 33. Versão Almeida Corrigida Fiel.

Em minha jornada de vida, já fui muito cético quanto às coisas espirituais, mesmo tendo crescido em uma família católica e umbandista, até já tendo vivido algumas experiências espirituais nas duas religiões. Embora tudo isso, eu ainda me tinha colocado como cético para as questões e manifestações espirituais e então eu conheci um homem que me disse a seguinte frase: *"Yo no creo en las brujas. Pero que hay, hay"* e completou dizendo: *"existem mais coisas entre os céus e a terra, do que os olhos podem ver e isso independe de você acreditar ou não"*. Essa frase pode até parecer vazia se olhada sozinha, mas, no contexto que eu estava vivendo naquele momento, fez muito sentido, além de me abrir os olhos para as coisas que eu não estava querendo ver, me trouxe sensatez de aprender a analisar tudo de todos os ângulos, sem antes me fechar em meu mundo imaginário e egocêntrico. E digo para você que está lendo este livro, ser uma pessoa espiritualizada não quer dizer ser uma pessoa religiosa. Eu conheço centenas de pessoas que são tremendamente religiosas, mas nem um pouco espiritualizadas. E o mais importante, DEUS não é RELIGIOSO. Pelo menos, não O é em uma doutrina no padrão humano, pois se estudarmos a semântica da palavra "religião", encontraremos no sentido literal que essa palavra vem do termo em latim *religio*, que significa "ligar de novo", "unir" ou "reconectar". E acredito fielmente que é essa a religião que Deus mais pratica. Deus quer filhos e filhas que aceitem o amor dEle incondicional e eterno.

Sabendo disso, eu preciso ser franco com você e dizer que será IMPOSSÍVEL fluir no seu **Propósito Central de Vida** se não entender e aceitar que foi criado com o mais puro e belo Amor pelo Criador e DEUS. Pois todos somos frutos do seu grande e eterno amor. As pessoas mais bem-sucedidas na vida já entenderam isso e reconhecem essa grande verdade. Quando digo bem-sucedidas falo até financeiramente, os maiores milionários e bilionários da terra declaram essa verdade. O homem mais rico da história, Salomão, também diz isso no final de seus últimos escritos.

> *Lembre-se do seu Criador, antes que se rompa o fio de prata, e se despedace o copo de ouro, e se quebre o cântaro junto à fonte, e se desfaça a roda junto ao poço, e o pó volte à terra, de onde veio, e o espírito volte a Deus, que o deu.*
> *Vaidade de vaidade, diz o Pregador, tudo é vaidade.*
> *O Pregador, além de sábio, ainda ensinou ao povo o conhecimento; e, atentando e examinando, compôs muitos provérbios.*
> *De tudo o que se ouviu, a conclusão é esta:* **tema a Deus e guarde os seus mandamentos, porque isto é o dever de cada pessoa.**
> *Porque Deus há de trazer a juízo todas as obras, até as que estão escondidas, quer sejam boas, quer sejam más.*
> *(Bíblia Sagrada)*[15]

Quando entendemos que fomos "criados" pelo Criador que também é conhecido como o DEUS que é AMOR, fica claro que nossa história é escrita para vivermos no mais completo amor de DEUS. Afinal, se fomos criados pelo Amor, não podemos ser outra coisa senão "Amorzinhos", parafraseando a banda cristã Simples Verdade.

Resumindo, o Propósito Central da sua Vida é aquilo que só você poderá fazer pela humanidade. Somente você, com todas as suas habilidades e experiências de vida, poderá derramar amor sobre outros que te ouvirão e serão tocados pela sua história e seus talentos. Mas, para que isso aconteça, será preciso se encontrar com você em seu interior, ou seja, com o DEUS que é o amor que há dentro de você.

---

[15] BÍBLIA SAGRADA. Livro de Eclesiastes, capítulo 12, versículos de 6 a 9; 13; 14. Versão Almeida Corrigida Fiel.

ENCONTRANDO SEU PCV

Não existe um catálogo com os principais PCVs para você encontrar o seu. Não é assim que funciona. Não vai encontrar em uma prateleira pronta e separado por tipos, sabores, cheiros e texturas. Também não é algo que você na primeira vez que pensar vai dizer "eureca, descobri meu PCV". Não mesmo!

Como disse, o PCV é ÚNICO, então, não existe ninguém que viveu ou vai viver ele além de **você**. Mas, para te ajudar entendê-lo e a descobri-lo, vamos falar de alguns casos em que ajudei as pessoas a descobrirem e isso vai te dar um "norte" para encontrar o seu.

Em algumas das minhas abordagens, uso esse exercício simples de realizar que menciono a seguir.

Vamos fazer um exercício e é importante sua sinceridade com você mesmo.

- Se você, por um acaso, se encontrasse com você criança, com 5 a 7 anos de idade. O que o seu "eu" criança perguntaria a você? Por exemplo: se quando criança você quisesse ser policial quando crescesse, sua criança perguntaria hoje a você: "viramos policial?".

Agora é com você. Pense e escreva aqui:

- Com base nessa pergunta, quais seriam suas respostas?

Pense e escreva aqui:

Ouvindo suas respostas, sua criança ficaria feliz, triste, decepcionada ou o quê?

Obs.: Essa é uma pergunta muito poderosa, como já dissemos aqui, você terá perguntas (CHAVES) poderosas para encontrar o seu melhor e te levar ao grande sucesso na vida. Então, se não escreveu, PARE e escreva agora. Gaste um tempo com suas lembranças antes de avançar.

<u>Caso 1</u>: Uma vez, ao fazer essa pergunta em uma sala de um aplicativo de conversas públicas no celular, muitas pessoas foram ativadas em seus PCVs instantaneamente. Mas isso foi pelo fato de já estarem em uma busca interna de respostas

para. a vida e então elas aprenderam a serem sinceras com elas mesmas.

Um desses casos foi um jovem rapaz que entendeu que o seu PCV era conectar pessoas com o melhor de cada uma delas e com isso gerar essa corrente do bem. Então, ele é um "conector de vidas" e percebeu que já fazia isso desde criança e que havia parado de fazer de propósito, por imaginar que não o levaria a lugar nenhum. Porém, ao voltar a fazer, agora com ENTENDIMENTO sobre o que buscar como resultado e ativado pelo conhecimento do seu PCV, passou a ser mais assertivo e a encontrar uma satisfação e alegria ímpar para a vida.

Caso 2: Em um outro momento, ajudando pessoas presencialmente, um jovem me disse que queria ser um "ventilador do amor de DEUS", pois é o que ele mais sabia fazer, ou seja, soprar aos quatro cantos sobre esse grande amor.

Caso 3: Mais um caso, foi de uma jovem que descobriu que cantar não era apenas um dom natural, mas um PCV, pois, até quando não estava presente, mas a sua canção estava, as pessoas eram tocadas e curadas.

Mas tenha muita atenção, pois em alguns momentos seu propósito momentâneo (missão) poderá ser confundido com o seu PCV. Isso é muito comum acontecer. Para isso, vou te deixar outra pergunta poderosa.

- Quando você encontrar o seu possível PCV, pergunte-se: quando isso estiver completo o que vou fazer?

Pense e escreva aqui:

Vou dar um exemplo: sendo eu um semáforo como meu PCV, quando uma pessoa passar por mim e eu conseguir ajudá-la, sendo esse ajudador na tomada de decisão, o que eu vou fazer depois? Eu vou continuar sendo semáforo, pois outras pessoas também virão. Entende?

Por algumas vezes eu escutei: o meu PCV é ser Mãe, ou é ser Pai. Eu fico um pouco contrariado com uma afirmação dessa. Vou explicar o porquê.

É lindo o fato de alguém entender que seu papel é cuidar, amparar, amar, ensinar, prover recursos, proteger e tantas funções "específicas" que só um pai e uma mãe podem ser para seus filhos. Entendo até que, se cumprirem com essas "missões", poderão ativar em seus filhos os PCVs de cada um deles de uma maneira tão potencializada que os ajudarão a fluir, mesmo sem ter conhecimento teórico sobre o tema. Mas, como já deve ter percebido, eu chamei atenção para algumas "palavras" no texto. E essas palavras expressam o que eu entendo sobre esses papéis na vida das pessoas. Por mais que sejam cruciais e poderosos, ainda assim são **específicos**, ou seja, **missões temporárias**. Por que temporárias? Pois assim que os filhos aprenderem a caminhar sozinhos, e <u>devem</u> aprender isso, o papel de pai e de mãe não serão mais **essenciais** para a vida diária, mas sim serão necessários no intelecto emocional e relacional dos filhos. Sendo assim, a **missão foi concluída**, com êxito ou não. Chega-se a um momento em que essa missão acaba. E daí vem a pergunta que sugeri, o que esse pai e essa mãe serão agora?

Vão gerar mais filhos? Talvez. Vão virar pais dos seus netos? Não seria o mais adequado. Então o que eles farão?

Entende a questão?

Se não souberem o que fazer, se não conhecerem os seus PCVs, poderão voltar a "dar murros em pontas de facas". Poderão voltar a ter problemas desnecessários.

Isso me fez lembrar um outro personagem histórico da nação de Israel. O grandioso rei Davi. O homem, segundo o coração de DEUS, tanto para judeus como para os cristãos.

É relatado na história, escrita pelos manuscritos, que, na época em que os reis iam para a guerra, Davi resolveu ficar em sua casa e passear pelo seu palácio. Ao fazer isso, viu uma mulher tomando banho toda nua. Ele a desejou e a mandou buscá-la. O fato é que essa era uma mulher casada com um soldado do seu exército, que estava lá na guerra que ele mesmo, Davi, deveria estar. Por que afirmo "deveria"? Pois, ao analisar o perfil de Davi, um homem valente, guerreiro, conquistador de povos, percebe-se que seu possível PCV não era de um jardineiro, ou mesmo de um sultão ordenador. O PCV de Davi possivelmente estava ligado as lutas e conquistas na base da força. Talvez um tipo de "escavadora de poços", se podemos usar isso como exemplo, pois a escavadora de poços provê, na base da força e da batalha, perfurações na terra para encontrar água limpa aos sedentos.

E a história segue, Davi não faz o que nasceu para fazer. Vai fazer outra coisa que não era para fazer e consequentemente gera um problema sem fim para sua casa e família — além de estragar a família do seu soldado que foi morto a seu mando.

Então o fato de equivocar-se em seu PCV e acreditar que sua missão momentânea é para sempre pode gerar grandes danos para você e para quem está ao seu redor.

INTERIORIZAR-SE PARA ENCONTRAR-SE

Esse é um dos caminhos mais urgentes a trilhar, pois, ao se interiorizar, você irá encontrar sua essência. E, para encontrar sua essência, é necessário descobrir quem realmente você é **hoje** e quem você realmente é na **eternidade**.

Parece complexo à mente racional humana, mas é mais simples do que pensa. Vou te ajudar nesse entendimento e então faremos mais alguns exercícios para contribuir para essa sua jornada de autoconhecimento.

Quando eu digo sobre encontrar a sua essência, preciso explicar a que nível de entendimento dessa palavra "essência" estou me referindo.

Quando um perfumista está criando um perfume, ele usa elementos comuns em todos os outros tipos de perfume, mas existe um em especial que é único para o resultado almejado. Esse elemento é a ESSÊNCIA. Sem essa essência o perfume será só uma mistura de elementos comuns. Assim somos nós, os seres humanos. Sem descobrir nossa essência, somos uma mistura de elementos comuns em tantos outros animais. Alguns até se assemelham aos macacos, chimpanzés e a outros mamíferos. Mas o ser humano é único. É o único ser com CORPO, ALMA e ESPÍRITO. E por que afirmo que somos "comuns" enquanto não descobrirmos nossa essência? Pois essa essência é produzida e renovada do nosso mais íntimo interior, do nosso âmago. O restante de nós é produzido de forma natural e em grande escala, mas a essência é produzida de forma íntima e em pouca quantidade, pois apenas uma gota da nossa essência poderá encher de aroma todo o restante do nosso ser e transbordar para o nosso entorno. Algumas vezes essa essência é produzida de forma inconsciente, mas é de forma consciente que podemos direcionar a produção dela sempre que precisarmos de mais.

Quero usar um costume e um ditado mineiro, "se começarmos a comer pelas bordas...". Então, se começarmos de fora para dentro, nos deparamos com nosso corpo físico, ou seja, órgãos, veias, sangue e por aí vai. Interiorizando um pouco mais, encontraremos nossa psique, sentimentos, pensamentos, desejos, sonhos, vontades e por aí também vai. Agora, se entrarmos um pouco mais profundo – e para isso é essencialmente necessário e indispensável o uso de técnicas de meditação –, encontraremos o nosso elo mais poderoso com o Criador, encontraremos nosso espírito. E é aí que está pronto para ser revelado nosso Propósito Central de Vida. Pois o PCV foi pintado, desenhado, escrito, cantado, sussurrado ou como você quiser imaginar, dentro de cada um de nós e de maneira única e individual pelo nosso Criador e DEUS.

Eu, por exemplo, gosto de imaginar que Ele desenhou o meu PCV. Por ser uma pessoa do tipo "visual", ou seja, daquelas que aprendem mais facilmente com figuras de linguagem, acredito e penso que DEUS desenhou o meu PCV aqui dentro de mim e, quando imagino meu PCV, eu não vejo a palavra semáforo e sim o objeto com as luzes. No entanto, você é livre para deixar sua imaginação fluir nesse momento.

Agora que já trouxe uma breve explicação, o importante é colocar esse conhecimento à prova. Ou seja, vamos fazer o que precisa ser feito.

Importante, não se apegue ao que vai acontecer somente nesse momento, mas continue a fazer o que faremos aqui e de forma contínua. Não passe mais que dois dias sem fazer esses exercícios para que os resultados sejam mais rápidos e precisos.

EXERCÍCIO 1 PARA DESCOBRIR O SEU PCV

1. Escolha um local calmo, sem interferência externa e silencioso.

2. Fique em uma posição relaxante e comece a respirar profunda e lentamente.

3. Preste atenção na sua respiração.

4. Preste atenção no seu batimento cardíaco e de preferência use ele para iniciar uma contagem regressiva. Por exemplo: 327, 326, 325, 324... Não se preocupe se perder a contagem. Somente conte e preste atenção na sua respiração e nos batimentos cardíacos.

5. Quando você começar a perceber sons e sensações ao seu redor e no seu corpo que não estava percebendo, fale com DEUS e faça isso do seu jeito. Como se falasse com um amigo.

a. Pergunte para Ele sobre como Ele está, como Ele se sente, e fique em silêncio.

b. Depois pergunte o que Ele pensou quando decidiu criar você. Fique em silêncio após essa pergunta.

Faça isso todos os dias. Vai chegar um momento em que você irá escutá-lo de forma clara e audível dentro de você. Não vai ser fora. Vai ser dentro. Bem lá no fundo. Bem lá no seu interior. Bem no seu âmago. Uma voz única, cheia de amor e certeza. Coberta de misericórdia e bondade. Recheada de gratidão e esperança. É uma voz inconfundível, quando você a ouvir, saberá que foi Ele. Não terá dúvida no seu interior. A sua cabeça poderá até pensar que está ficando maluco ou maluca, mas lá no fundo você terá certeza que nunca foi uma pessoa mais sã mentalmente falando.

Esse exercício poderá se tornar uma prática constante e diária na sua vida. Não existe mal em fazer isso e muito menos contraindicações. Passe o tempo que precisar passar, porém, é razoável dizer que no início você ficará apenas minutos, no entanto, com a prática constante isso poderá se tornar horas. Não se preocupe se você dormir, lembre-se de colocar um despertador para seus próximos compromissos.

EXERCÍCIO 2 PARA DESCOBRIR SEU PCV

Esse segundo exercício é para aqueles dias corridos e cansativos em que você não conseguiu meditar como gostaria no primeiro exercício.

- Ao se deitar para dormir, faça as seguintes perguntas no seu cérebro pelo menos umas 12 vezes e conte essas perguntas com o auxílio de algo externo, por exemplo, os seus dedos:

a. Quem sou eu?
b. Eu sou bom em quê?
c. Quem é feliz perto de mim?
d. Quem não é feliz perto de mim?

Ao fazer essas perguntas de forma repetida antes do sono, você envia mensagens para o seu córtex frontal para ele arquivar essas mensagens. Enquanto você dorme, o seu cérebro irá pesquisar no seu sistema límbico e na memória de longo prazo essas respostas. Ao forçar seu cérebro a trabalhar com memórias e sentimentos, nós forçamos a nossa mente — alma — a se conectar com nosso eu interior — espírito — e nesse exercício teremos novamente nossa conexão interna ativa com o nosso Criador e DEUS.

Ao acordar é importante ficar com atenção nas respostas que começarão a vir. Às vezes, você poderá ter sonhos que libertem as ideias do seu espírito (eu interior). Outras vezes você terá pensamentos ou ideias e até desejos no dia seguinte, que costumeiramente não existiam. Vai seguindo os sinais. Anote o máximo que puder, obedeça às indicações o quanto conseguir. Tudo isso, COM CERTEZA, irá te levar a um lugar de respostas.

Para terminar esse exercício, quero fazer uma ilustração cômica e extremamente absurda e extremista. Já assistiu ao filme *Sim, senhor* [16], com o ator Jim Carrey?

Nesse filme o personagem principal decide dar "SIM" para tudo o que se apresenta na vida dele como oportunidade. Ele é bem extremista nessa decisão e não pondera as decisões. Mas, de uma forma engraçada, o filme relata as oportunidades de mudança e respostas na vida de uma pessoa quando ela decide seguir um sinal sobre aquilo que deseja. Por mais que pareça que não irá produzir bons frutos, eles sempre aparecem lá no final.

---

[16] YES, MAN (Brasil: Sim, Senhor) é um longa-metragem norte-americano de 2008 realizado por Peyton Reed. O filme é uma adaptação de livro homónimo de Danny Wallace.

Por fim, não estou induzindo você a ser extremista em tudo, não estou mesmo, mas quero pedir para que dê um pouco mais de atenção aos sinais que irão aparecer e que você siga aqueles que sentir vontade de seguir, pois, no final do arco-íris, poderá ou não haver o baú de tesouro que você tanto procura. No entanto, você só irá descobrir se for até lá.

PONTOS DE ATENÇÃO:

Esses dois exercícios são muito assertivos, porém, vale ressaltar que você poderá encontrar muitos ruídos nessa comunicação. Ruídos externos e internos. Tudo dependerá do ambiente em que você estará se exercitando e do momento que estará vivendo. Mas o importante é não parar até surgir dentro de você uma certeza tão convicta e cheia de paz que ninguém poderá te convencer do contrário. E lembre-se: o seu PCV só fará o BEM para as pessoas ao seu redor e NUNCA o mal. Se o material (pensamentos, ideias, projetos etc...) que começar a surgir aí dentro de você for mal, ou seja, se causar danos a você e/ou a outras pessoas ao seu redor, procure uma ajuda de profissionais da mente e um auxílio religioso especializado em libertação de maus pensamentos e desejos. Descobrir o seu PCV trará mais VIDA para você e para tudo ao seu redor e NUNCA o contrário.

VOLTANDO À INFÂNCIA

Esse é um exercício que precisa ser feito em um ambiente calmo e de preferência sem interrupção. Você pode ler com calma e quando quiser fazer, faça-o. Mas, reforço, isso é um exercício e precisa ser realizado.

Você deve estar com a memória "fresca" do exercício que fizemos nos capítulos anteriores em que simulamos o seu encontro com você quando ainda era uma criança. Não é verdade!?

Pois bem, agora iremos aprofundar esse exercício. Nesse momento de autorreflexão, é importante que tenha algo em que anotar, seja um papel e caneta, tablet, celular ou o que preferir.

- Estando em uma posição de conforto e com os braços soltos ao lado do corpo, comece respirando fundo e se concentrando na sua respiração.
- Tome uma posição de colocar o seu queixo encostado no seu peito, ou o máximo que conseguir.
- Agora, inspire profundamente até encher o pulmão e o diafragma. Ao fazer isso, vá erguendo sua cabeça até ficar na postura de olhar para a frente.
- Segure o ar o **máximo** que conseguir.
- Quando soltar o ar, solte expulsando o mais rápido que puder pela boca, como se fosse um exercício de encher uma bexiga em uma competição de quem enche mais rápido. Ao fazer isso, vá abaixando a cabeça até encostar o queixo no seu peito novamente.
- Faça isso soltando e relaxando seus ombros. Expulse todo o ar até sentir seu abdome contrair para dentro de você.
- Repita esse exercício por 3 vezes. Sempre faça isso com o seu corpo o mais relaxado possível, principalmente no momento em que estiver prendendo a respiração. Se concentre em você, solte os ombros, mandíbulas e relaxe o corpo por completo.
- Ao fazer isso você oxigenará seu cérebro e ativará o seu metabolismo de uma maneira mais natural possível e começará a produzir substâncias químicas no seu cérebro que serão benéficas para sua saúde mental e física, além de colocar seu cérebro em um estado de muita atenção e o seu corpo em relaxamento.

ps. É bom fazer esse exercício de respiração para ter uma mente mais ativa diariamente e é recomendado fazer pelo menos 3x ao dia, não tendo contraindicações e podendo ser feito quantas vezes quiser. Aprendi esse exercício com um amigo e terapeuta, o padre Oscar do interior do estado de são paulo.

- Prosseguindo, agora que você já realizou o exercício da respiração, comece a pensar na sua infância. **Faça isso de olhos fechados com uma respiração calma e confortável.**
  - Bom é iniciar pelas coisas boas.
  - Por exemplo, comece pelas brincadeiras;
  - Lembre-se dos amigos;
  - Dos jogos de que participou;
  - Das conversas. Não coloque limites em sua memória.
  - Deixe o <u>trem das lembranças</u>[17] transitar pelas estações da sua memória.
- Nesses momentos em que suas memórias são acessadas, preste atenção em <u>itens que se repetem</u> com uma certa frequência e com muita facilidade. Esses itens geralmente são acompanhados de momentos de muita fluidez e êxtase.
  - Sabe aquele momento de "FLOW";
  - Naquele instante que não precisa fazer força para acontecer;

---

[17] INSIDE OUT (Brasil: Divertida Mente/Portugal: Divertida-Mente) é um filme de animação comédia dramática estadunidense de 2015 produzido pela Pixar Animation Studios e lançado pela Walt Disney Pictures.

- Seja um passo de dança que causou frisson em quem estava com você;
- Seja uma palavra dada que ajudou a alguém ser mais assertivo;
- Seja um abraço ou um gesto de cordialidade que transformou o dia de quem recebeu;
- Seja um presente que alegrou o semblante de quem não esperava.

Obs.: Preste atenção em suas ações que beneficiaram alguém de alguma forma.

- Enfim, deixe fluir e comece a prestar atenção a esses detalhes que se repetem.
- Após se deliciar com essas lembranças, comece a lembrar o que você queria ser quando crescesse e lembre-se também do POR QUE você o queria.
  - Esse porquê é importante, pois ele revela mais sobre o seu PCV do que a profissão de fato.
  - Lembre-se, o seu PCV é algo divino dentro de você e uma criança é o mais próximo de DEUS que o ser humano alcança de forma mais natural que existe.

Então disse Jesus: "Deixem vir a mim as crianças e não as impeçam; pois o Reino dos céus pertence aos que são semelhantes a elas".[18]

- Ao se lembrar do que você queria ser quando fosse adulto,

---

[18] BÍBLIA SAGRADA. Livro do Evangelho de Mateus, capítulo 19, versículo 14.

- Lembre-se das mudanças por que esse sonho passou e
- Busque identificar a motivação de tais mudanças.

Por exemplo, uma criança que queria ser policial e depois passou a querer ser bombeiro. Por que houve essa mudança? Qual é o desejo em comum nessas duas escolhas. Só você terá a resposta mais certa para isso, afinal, foi você quando criança que desejou tudo isso.

Vá anotando tudo o que puder e quiser. Uma coisa é certa, você estará mais próximo de encontrar sua resposta do que não encontrar. Por mais que no começo pareça ser um monte de informação desconexa, uma hora fará sentido. Então, faça um favor para sua FELICIDADE, apenas continue e, quando tudo fizer sentido, volte aqui nesta página e anote.

ANOTE aqui o seu PCV:

— Sou um semáforo, pois as pessoas passam por mim quando precisam de um sinal de direção na vida e faço isso muito bem para elas e para mim.

CAPÍTULO 3

PCV IN FLOW

Pois, quando estamos em estado de FLOW no nosso PCV, é algo muito encantador e empolgante.

Gosto de dizer que uma pessoa está fluindo em seu PCV quando ela já conseguiu definir com poucas palavras esse Propósito. Por exemplo, se você me perguntar:

— Alex, qual é o seu PCV?

Eu te responderia:

— Sou como um "semáforo".

As pessoas chegam a mim em um momento na vida que precisam tomar decisões assertivas e/ou corretivas. Daí meu PCV somado aos meus dons e talentos naturais ou conquistados durante minha jornada entram em ação de forma muito natural e gratificante.

Engraçado, né!? Mas é uma maneira simples e direta de explicar, pois quase todas as pessoas na face da Terra sabem o que é e para que serve um semáforo.

Nesse momento eu acredito que você já saiba qual é o seu PCV. Pois o conteúdo entregue nos capítulos anteriores é de grande profundidade, "se" praticados. Mas, se só foi para a informação adicional da sua vida, espero que possa fazer diferença algum dia.

É como o andar de bicicleta. Você recebe todo o conteúdo teórico e não coloca em prática. Então te pergunto:

você aprendeu a andar de bicicleta? Sabe qual é a sensação de sentir o vento em seu rosto pela primeira vez em cima de uma bicicleta?

Reforço a necessidade de experimentar tudo o que escrevi, pois neste capítulo em que estamos é um divisor de águas neste livro. O que vou falar a partir de agora não é tudo sobre o FLUIR NO PCV, pois o intuito desta obra é te ajudar a se descobrir. Para aprender a fluir no seu PCV você precisará passar por treinamentos vivenciais onde falo sobre isso.

Mas o conteúdo a seguir poderá deixar você muito empolgado ou empolgada, ou na verdade poderá ocorrer o contrário. Pode ser que cada relato e expectativa possa aumentar a sua frustração com a vida.

Então repito, exercite muitas vezes o conteúdo entregue até aqui para que, então, você prossiga para os próximos passos deste livro.

O exercitar poucas vezes te fará andar de bicicleta. O exercitar muitas vezes te levará a "dominar" a arte de andar de bicicleta e a se especializar, aumentando os níveis de dificuldade. Com o seu Propósito Central de Vida não será diferente. No começo você irá descobrir um pouco aqui, depois um pouco ali. Às vezes, parecerá que está andando em *zig* e *zag*. Você é o seu PCV. O seu PCV está em você. Você existe com o seu PCV, não existe o seu PCV se você não existir. Você já está vivendo ele, talvez não tenha identificado isso ainda. Mas não se preocupe, continue a buscar, pois a quem bate à porta, abre-se.

O QUE É ESTAR EM FLOW?

De acordo com a Wikipédia, temos:

> FLOW é uma terminologia usada no mundo do rap para designar a maneira como o rapper "encaixa" as palavras e frases no

instrumental (beat). Ou seja, é a fluidez com que a letra se encontra com o ritmo, ou o domínio do ritmo da letra de acordo com as batidas da música. Seria o equivalente à "melodia" na música cantada.

Preste atenção nas palavras sublinhadas no texto anterior. *Encaixa, fluidez, se encontra, domínio do ritmo* e *melodia*. Se apenas traduzirmos a palavra *"flow"* do inglês, teremos os sentidos de "fluxo, escoamento ou fluidez". No entanto, a definição do parágrafo anterior é o que mais representa o que estou querendo expressar sobre o tema. Pois, quando estamos no estado de FLOW com o nosso PCV, é algo muito encantador e empolgante. Como já mencionei, é receber energia positiva que recarrega não só a sua alma, mas sua carne e seu espírito. É aquele estágio em que a pessoa até chega a dizer: "não estou nem com fome, pois aqui está tão gostoso, tão recompensador que é, como se não precisasse de mais nada para esse momento".

Para trazer mais literatura sobre esse conceito aqui apresentado, vamos falar do estudo do psicólogo Mihaly Csikszentmihalyi, que observava a felicidade de algumas pessoas logo após a Segunda Guerra Mundial. Ele definiu o estágio de FLOW como:

"Um estado mental que acontece quando uma pessoa realiza uma atividade e se sente totalmente absorvida em uma sensação de energia, prazer e foco total no que está fazendo. Em essência, o flow é caracterizado pela imersão completa no que se faz, e por uma consequente perda do sentido de espaço e tempo"[19].

Esse estudo de Mihaly é aceito e utilizado na psicologia positiva como o conceito de FLOW, coincidentemente com o que estamos relatando. Com isso, o que estou querendo afirmar

---

[19] CSIKSZENTMIHALYI, Mihaly (1975). Beyond boredom and anxiety: experiencing flow in work and play. San Francisco: Jossey-Bass. ISBN 0-87589-261-2.

para você é que: aquilo que aprendi de forma empírica, estou entregando de uma forma literária. Quando fui pesquisar mais literaturas, descobri que outras pessoas já o conheciam e o praticavam. Então, peço que você abra sua mente e coração para as palavras deste livro. Coloque-as em prática e certamente você encontrará as respostas que tanto procurava.

Continuando... Lembro-me novamente de Jesus, quando ele estava sentado junto ao poço de Jacó em Samaria e começou a falar com uma mulher que ali fora retirar água. Após uma longa conversa com essa mulher e depois de ele ter deixado fluir o seu PCV, seus discípulos, que haviam chegado da cidade onde foram comprar comida, encontraram-nos e insistiam com ele para que comesse algo. Mas Jesus, em estado de "Flow" com o seu PCV, disse-lhes: "A minha comida é fazer a vontade daquele que me enviou, e realizar a sua obra"[20]. Os discípulos até se perguntaram se alguém lhe teria trazido comida enquanto eles estavam fora, pois ficaram espantados com a situação.

Não é que Jesus não comeu depois do ocorrido, mas o que quero chamar a atenção é que, enquanto ele estava fluindo no seu Propósito Central de Vida, o seu corpo não sentia fome, pois a energia produzida pelo momento o satisfazia de forma sobrenatural. Ou seja, a essência única de Jesus estava sendo produzida de tal forma no seu interior que o exterior era preenchido por essa essência ao ponto de transbordar. Tenho certeza que depois que concluiu tudo, ele sentiu fome e comeu.

Estar em "Flow" com o seu PCV lhe proporcionará experimentar sensações na vida que serão únicas e eternas para você e para quem participar desse momento. Assim como foi para Jesus e para aquela mulher samaritana, assim também ocorrerá com você.

Outro resultado que podemos ver nesse exemplo de Jesus é o fato da expansão do conhecimento de Jesus e do seu Propó-

---

[20] BÍBLIA SAGRADA. Livro do Evangelho de João, capítulo 4, versículo 34.

sito Central de Vida, pois o que começou com aquela mulher se expandiu para toda uma cidade, que posteriormente se expandiria para todo um povo, nação, continente e até o mundo inteiro.

Quem se proporciona viver em constante Flow do seu PCV, perceberá que aquilo tudo não acabará nele, pois um "PCV *in FLOW*" se transforma em um LEGADO para a eternidade.

Isso mesmo que você leu. A melhor e mais eficaz maneira de deixar um legado que transforme vidas mesmo sem a sua presença física é viver uma vida fluindo no seu Propósito Central de Vida.

Talvez você, com um pensamento ainda religioso, pense que isso só aconteceu com Jesus porque ele ressuscitou e não está morto. Digo que esse pensamento é equivocado, pois, como já citei anteriormente, pessoas como Madre Teresa, Martin Luther King Jr., Albert Einstein, Napoleon Hill e tantos outros já morreram e seus PCVs continuam ensinando, ajudando, corrigindo, emocionando, impulsionando tantos outros que nem ao menos os conheceram pessoalmente.

Fluir no seu PCV pode não render um prêmio internacional como o Nobel. Mas tenha certeza de que vai movimentar tantas vidas ao seu redor que, mesmo sem você estar presente, pessoas que não te conheceram pessoalmente irão falar do que você fez e até seguir os seus passos.

Fluir no Propósito Central de Vida é cumprir o seu papel nessa vida ao invés de ficar dando murros em ponta de faca ou mesmo viver uma vida medíocre. Por fim, FLUIR é uma experiência maravilhosamente fantástica, gratificante, transformadora e impulsionadora para uma vida plena e feliz.

CAPÍTULO 4

POR QUE FLUIR NO PCV?

As águas dos rios fluem para o oceano, pois o menor é atraído pelo maior.
(Alex Oliveira)

Dr. Myles Munroe dizia que 5 perguntas dominam a humanidade. Quem dominar essas 5 perguntas teria o poder para dominar o mundo.

Essas 5 perguntas são tão importantes que controlam o mundo inteiro, todas as coisas que qualquer ser humano faz no mundo são motivadas por essas 5 perguntas. O Homem mais pobre, dormindo embaixo da ponte está tentando responder essas 5 perguntas. O homem mais saudável, vivendo em um palácio está buscando a resposta dessas 5 perguntas. Toda raça, credo, grupo étnico está buscando respostas sobre essas 5 perguntas. Dessas 5 perguntas se criam indústrias, o mundo da moda, do entretenimento. Essas 5 perguntas te acordam toda as manhãs. Essas são as perguntas que produzem líderes corruptos. Essas são as perguntas que produzem pessoas que abusam de suas próprias vidas e abusam outras pessoas. Essas 5 perguntas controlam a política, presidentes de países e primeiros ministros. Essas 5 perguntas controlam pastores, elas controlam os jovens nas ruas que estão vendendo seus corpos. Essas 5 perguntas são tão poderosas que elas causam a destruição da guerra no mundo. Quais são essas 5 perguntas:

1. Quem sou eu?
2. De onde eu vim?
3. Por que eu estou aqui?
4. O que eu posso fazer?
5. Para onde eu estou indo ou Qual é o meu destino?

Texto extraído do vídeo ministrado na África do Sul[21].

Essas 5 perguntas não são sobre religiosidade, elas são todas questões da humanidade. Então quem tem o poder de responder para si mesmo essas questões já está à frente da maior parte da humanidade. Quem conseguir responder para si essas perguntas e fazer com que essa resposta alcance as pessoas ao seu redor não somente terá poder sobre si, mas também poderá influenciar o seu meio. Isso é FLUIR no PCV.

Ao fluir no seu Propósito Central de Vida, as pessoas ao seu redor serão impulsionadas a serem o melhor delas e transmitirão isso para as pessoas ao redor delas que continuarão esse ciclo virtuoso até chegar a um ponto em que as pessoas estarão falando do que você fez sem ao menos saber quem foi você. Esse é o estágio máximo do fluir e é quando se

---

[21] MUNROE, Dr. Myles, *Chaves para descobrir o seu PROPÓSITO*. Ministrado e gravado na África do Sul. Link: https://youtu.be/-eRWWMmCbDo.

transforma em um legado. Querer ser reconhecido pelo seu PCV não é fluir nele e sim buscar reconhecimento pessoal. E não estou falando aqui nesta obra sobre "ser reconhecido". O que tenho a intenção de trazer para sua vida é algo muito maior, pois o ter reconhecimento das pessoas será parte natural desse caminho e resultado intangível da bem-aventurança que já estará cumprindo durante a sua jornada.

Vamos citar algumas pessoas que fluíram no seu PCV e até hoje esse propósito continua vivo, ou seja, um LEGADO foi deixado para ser seguido. Para citar, falemos dos nomes como Madre Tereza do Calcutá, Martin Luther King, Jesus, o Cristo, Dale Carnegie, Charlie Chaplin, entre tantos outros que poderíamos continuar a citar aqui e que em uma simples busca na internet você conseguirá muito mais informações deles e de seus feitos.

No entanto, o que não podemos ignorar é que todos eles deixaram marcas eternas na história da raça humana. E como podemos observar o conceito da fluidez no PCV deles de tal forma que possamos aplicar em nossa vida?

Ao observarmos mais de perto, começamos a perceber o "FOCO" que cada um deles exerceu no que estavam aplicados a fazer. Madre Tereza estava tão focada em alimentar os famintos que há os que dizem que ela não conseguia viajar sem guardar os alimentos que eram servidos no voo. Dizem relatos que ela pedia mais aos comissários de bordo.

· Martin Luther King Jr. diz em um trecho do seu discurso conhecido como "Eu tenho um sonho"[22]:

> "Agora não é hora de se dar ao luxo de se acalmar ou tomar a droga tranquilizadora do gradualismo. Agora é hora de fazer as promessas reais da democracia. Agora é

---

[22] King Jr., Martin Luther. "I Have a Dream". Discurso apresentado na Marcha sobre Washington por Emprego e Liberdade, Washington D.C., 28 de agosto de 1963.

a hora de ascender da escuridão e do vale desolado da segregação para a trilha ensolarada da justiça racial."

Nesse trecho é evidente o "FOCO" para o qual seu PCV o impulsionava a viver. Ou seja, enquanto não estivesse completo, ele não pararia, não descansaria e nem mesmo tomaria qualquer droga tranquilizadora, mesmo que seja em termos alegóricos.

O que fica claro é que, para que o FLUIR do seu PCV aconteça, o PCV precisa estar em FOCO.

Existe mais uma "chave" poderosa e simples de usar. Chama-se DECLARAÇÃO AFIRMATIVA.

DECLARAÇÃO AFIRMATIVA

A linguagem tem por objetivo a comunicação entre os seres humanos, portanto, quanto mais precisa for a linguagem, melhor será o resultado de nossa comunicação.

O que é a palavra NÃO?

Uma abstração. O "não", por si só, não diz nada, logo o cérebro se fixa no que vem depois do "não".

Nossas mentes, para saberem em que não pensar, precisam primeiro pensar. Vamos aos exemplos:

- Não pense em um balão.

Agora...

- Pense em um balão.

Analise as duas frases acima. Em que você pensou quando leu uma e leu outra?

Na mesma coisa, em um BALÃO.

Assim sendo, quando queremos obter um resultado, o melhor é nos referirmos ao que queremos, por exemplo:

- Em caso de incêndio, use a escada.

É muito comum encontrarmos em muitos prédios: "Em caso de incêndio, <u>não</u> use o elevador".

Principalmente numa situação de pânico, é muito mais difícil e demorado pensar primeiro no que não fazer para depois pensar no que fazer. A linguagem mais rápida e que obtém melhores resultados é a linguagem afirmativa; dizer o que deve ser feito. O uso de uma linguagem negativa provoca o comportamento que se quer evitar. Era muito comum encontrarmos nos caixas eletrônicos um adesivo em que estava escrito:

- Não se esqueça de retirar o cartão.

E o que mais acontecia?

Então, o mais assertivo e o que muitos bancos fizeram foi colocar a seguinte mensagem:

- "Lembre-se de retirar o cartão", ou até mesmo: "Retire o cartão".

Com isso temos uma Declaração Poderosa que te ajudará em toda a sua jornada de fluir no seu PCV.

Nos capítulos seguintes você terá essa declaração pronta para ser copiada e recitada.

Você deverá fazê-la todos os dias, por no mínimo 30 dias seguidos e depois poderá fazê-la quando desejar. Porém, se perceber que seu PCV não está mais em foco, deverá retomar diariamente esse hábito de ler todos os dias por 30 dias.

DONS NATURAIS — QUAL A IMPORTÂNCIA DELES NO PCV?

O que eu chamo aqui de Dons Naturais são simplesmente "habilidades" específicas e natas. Ou seja, habilidades que nasceram com você.

Pode ser a habilidade de ler, escrever, tocar um instrumento, falar, argumentar, abraçar, doar, entre tantas outras que não caberiam aqui neste livro se fosse citar.

Para te ajudar a entender o que são essas habilidades, basta olhar para tudo aquilo que o ser humano tem de bom que os demais precisam se empenhar para fazer e desenvolver, mas você já faz de forma muito natural desde a sua infância.

Converse com seus familiares e amigos mais antigos e comece a perceber o que eles falam sobre o que você fazia quando criança e que hoje você ainda faz muito bem e sem muito esforço.

Talvez você seja como o "Toque de Midas" e em tudo que você coloca a mão, faz prosperar. Ou você talvez seja aquela pessoa que tem facilidade em ensinar as coisas para as pessoas ao seu redor, ou até mesmo tem facilidade em dar atenção genuína para quem está contigo. Tudo isso pode ser seu dom natural ou até dons caso tenha mais de um.

Conhecer seus dons naturais e fazer uso deles de uma tal forma que impulsione o seu PCV fará com que você seja uma pessoa mais assertiva e faça com que o seu FLUIR seja mais constante, além de que o fato de se aprofundar em conhecer seus dons naturais irá revelar muito mais do seu PCV e da direção para que ele aponta.

Por isso também é válido pesquisar mais ferramentas para ajudar a desenvolver seus dons naturais. Livros, treinamentos vivenciais, seminários e congressos são excelentes ferramentas para esse desenvolvimento.

CAPÍTULO 5

OS PERIGOS DE NÃO VIVER SEU PCV

> *A pior tragédia não é a morte, mas uma vida sem propósito.*
> (Dr. Myles Munroe)[23]

Uma frase muito comum nos dias atuais é esta aqui:

> Quem não sabe o que quer, qualquer coisa serve.

Ou até:

> Quem não sabe para onde vai, qualquer destino serve.

E eu complemento:

> Não ter um motivo para viver é não ter motivo para continuar vivo.

Eu ouvi inúmeras vezes essa frase que relatei. Ouvi de pessoas que pude ajudar e eu ouvi muitas vezes da minha própria mente. Quantas cartas de suicidas são escritas com essa frase ou com frase semelhante?

---

[23] MUNROE, Dr. Myles, "Maximizing Your Potential: The Keys to Dying Empty" e "Understanding Your Potential: Discovering the Hidden You". Nascimento: 20 de abril de 1954, Nassau, Bahamas. Falecimento: 9 de novembro de 2014, Grande Baama, Bahamas.

A maior parte dos suicidas não querem a morte, querem se livrar da dor profunda existente em sua alma, por isso cortejam a morte. Conscientemente eles sabem que a morte não é a solução, mas a dor está tão profunda que o consciente é desligado e o inconsciente age pelo ímpeto do desespero.

Importante dizer que não estou diagnosticando aqui 100% dos atentados suicidas ou até mesmo os casos de danos colaterais para as pessoas que estão ao seu redor. O que estou descrevendo aqui é o que os psicólogos e psiquiatras relatam em seus artigos científicos.

Se você não conhece o seu ÚNICO motivo para estar vivo, existe uma grande certeza, você não estará completo. Você será levado para longe da vida plena e extraordinária que te aguarda.

Ser levado para longe do seu PCV é o mesmo que viajar para Paris, visitar a torre Eiffel, no inverno, quando o que você queria mesmo era estar nas praias do Caribe desfrutando do melhor Resort All Inclusive que tiver. Entende?

Isso não te fará sentir realizado, mesmo tendo sucesso em tudo.

É o mesmo que se casar com a mulher mais linda do mundo, a top model mais bem paga, mas a sua verdadeira paixão foi aquela garota do ensino médio para a qual você nunca teve coragem de se declarar.

Não ter o motivo certo para sua vida é como um constante "dar murros em pontas de facas", ou "bater com a cara na parede", ou "chove, chove, chove e não molha nunca" e por aí vai nos ditos populares.

> O propósito da sua vida não vem de "Status", pois sempre haverá alguém com mais status que você. Não vem do sexo, não vem do salário. Vem do "servir". É doando nossas vidas que encontramos o sentido.[24]

---

[24] WARREN, Rick. TED Talks, 2006. *A life of purpose*. Link: https://youtu.be/b7driP6Fpt4.

Eu teria muito para falar neste capítulo, mas prefiro não dizer. Pois, se você está lendo este livro para se descobrir na vida, com certeza você mesmo poderá dar muitos exemplos dos perigos de não trilhar o caminho do seu Propósito Centrar de Vida.

Não é verdade?!

Tenha isso em mente, o PCV não é para você, nunca foi e nunca será. Ele é só seu, unicamente seu para o outro.

Viver o seu PCV é viver o seu completo EU e para o que o EU existe.

MEDO

Outro fato importante a ser citado é que muitas pessoas não conhecem o seu real motivo de estarem vivas, porque elas vivem com medo.

Medo da morte, medo da vida, medo do fracasso, medo do erro, medo e mais medo.

Medo é natural para a sobrevivência, afinal, o nosso cérebro reptiliano responde com muito ímpeto quando é incentivado pelo medo. No entanto, o medo exacerbado não é bom para uma vida plena de satisfações e conquistas. Ou seja, para fluir no PCV, o medo não poderá ultrapassar a barreira do natural para sobrevivência.

Conhece aquela frase: "Vai com medo mesmo". Muitas vezes ela pode ser até colocada como irresponsável, mas na sua maioria são atitudes como essa que arrebentam com o limite do medo em nossa vida. O escritor e pastor Flávio Valvassoura escreve este texto sobre o medo:

> "O medo produz o efeito de misturar realidade com a imaginação, com efeitos que podem conduzir ao pânico um grande

número de pessoas. Pois ele sempre desperta um senso de culpa que leva as pessoas a fugirem de um perigo imaginário que as ameace."[25]

Pessoas que não descobrem e não vivem o seu Propósito Central de Vida podem viver presas ao mundo imaginário do medo.

Na verdade, a vontade do DEUS criador é que você possa ser a sua melhor versão, mas o medo excessivo quer que você fique onde você já está. Com isso, o seu PCV tem a função de estabelecer sempre novos limites para o medo, ou seja, mantê-lo na função pela qual o medo existe, que é para só e tão somente te manter vivo.

---

[25] VALVASSOURA, Flávio. Livro. *Não mais escravo do medo*. 2022, editora Tikvah.

CAPÍTULO 6

QUAL A ORIGEM DO CONCEITO DO PCV?

Equívoco só é um erro quando não se tem conhecimento do resultado do provável equívoco.

Quando consultamos o livro da milenar cultura cristã, que contém a maior parte dos livros advindos da milenar cultura judaica/hebraica, podemos encontrar o conjunto de cânticos, pensamentos, orações e poesias chamado de Salmos. E no Salmo 139 existe um texto em especial a partir do qual, durante meus estudos e meditações, comecei a entender o conceito que chamei de Propósito Central de Vida. Este é o texto:

Tu criaste o **íntimo** do meu ser e me teceste no ventre de minha mãe. Eu te louvo porque me fizeste de modo especial e admirável. Tuas obras são maravilhosas!

Disso tenho plena certeza.

Meus ossos não estavam escondidos de ti quando em secreto fui formado e entretecido como nas profundezas da terra. Os teus olhos viram o meu embrião;

<u>todos os dias determinados para mim foram escritos no teu livro antes de qualquer deles existir</u>.

> Como são preciosos para mim os teus pensamentos, ó Deus! Como é grande a soma deles!
>
> Salmos 139:13-17

Fiz questão de trazer um grifo nas palavras e destacá-las para que você possa ir identificando comigo, de uma maneira bem sucinta e breve, muitos dos entendimentos que tive ao longo desses 14 anos, estudando e vivendo essa verdade. Que verdade é essa?

A verdade que, independentemente de alguém, ou seja, eu ou você, acreditarmos que existe um DEUS que sabe de tudo, antes mesmo de acontecer. Sim, existe. Que esse DEUS tem todo o poder de fazer tudo, mesmo que nós não creiamos. Sim, existe. Que pode livrar ou não cada ser humano da morte mesmo se não o chamarmos. Sim, existe.

> *Ele é que forma o coração de todos eles, que contempla todas as suas obras.*
> *(Salmos 33:15)*

Mas se existe mesmo esse DEUS, Ele é mau. Talvez você pense assim. Eu não te julgo e nem te condeno se pensar dessa forma. Durante muito tempo eu também pensei. Mas não manifestava esse pensamento e sentimento, pois eu tinha medo dEle ouvir e não gostar e por isso me castigar.

Como uma criança que não entende das coisas de adulto, assim era eu quando pensava dessa forma, pois basta estudar um pouco mais quem é DEUS fora da religião denominacional e buscar O entender na Sua essência, ou seja, na Sua Palavra, para ver que isso é um grande equívoco.

> *Instruir-te-ei, e ensinar-te-ei o caminho que deves seguir; guiar-te-ei com os meus olhos. Não sejais como o cavalo, nem como a mula, que não têm entendimento, cuja boca precisa de cabresto e freio para que não se cheguem a ti.*
> *(Salmos 32:8,9)*

Ao olhar diretamente para Ele e buscar conhecê-lO como é de·fato, encontrei uma verdade escondida atrás das regras, dogmas, metas, ou quaisquer outras paredes, muralhas erguidas por homens sem entendimento da Sua real vontade e plano para a humanidade, ou seja, a coroa da Sua criação.

> *Olharam para ele, e foram iluminados; e os seus rostos não ficaram confundidos.*
> *(Salmos 34:5)*

Ao olhar diretamente para a realidade das escrituras sagradas dessas milenares culturas monoteístas — em que há um só DEUS para servir e adorar —, encontrei o verdadeiro AMOR, a compreensão, a misericórdia, a graça e a bondade.

> *Perto está o Senhor dos que têm o coração quebrantado, e salva os contritos de espírito.*
> *(Salmos 34:18)*

Entendi que mesmo O questionando, eu não era castigado por isso. Mesmo eu O enfrentando, eu não era açoitado por isso. Mesmo eu O negando, Ele não me abandonava. Pelo contrário, sempre era constrangido por Ele de alguma forma e sempre em amor, perdão e misericórdia. Assim entendi o que significa a palavra e adjetivo de DEUS que é a longanimidade.

Disse tudo isso para voltar ao texto inicial e aos seus grifos. Quando essa palavra "Íntimo" me saltou aos olhos e percebi que o mais profundo do meu ser havia sido criado por Ele, e nos mais profundos detalhes, então fiquei constrangido, mas tão constrangido que me assemelhava a uma pessoa que é despida e fica nua diante de uma multidão. Percebi que não adiantava eu tentar me esconder ou mesmo fugir, pois dentro de mim sempre levaria uma parte dEle dentro de mim.

E, se vamos falar da parte mais íntima do ser humano, temos que falar do nosso espírito. Pois essa é a parte mais divina que temos dentro da nossa humanidade. Ora, Deus é Espírito e somente Ele tem poder de criar outros semelhantes à Ele. Com isso é fato dizer que nosso espírito foi feito por Ele.

> ...o pó volte à terra, de onde veio, e o espírito volte a Deus, que o deu.
> (Eclesiastes 12:7)

Daí passamos para o próximo texto grifado. Foi muito difícil de entender que todos os meus dias já estavam escritos no Seu livro. E por anos busquei esse entendimento. Até que, em um seminário de que participei com meu amigo, o profeta Marcelo Werle, disse ele que precisamos fazer o "download" do projeto perfeito de DEUS na eternidade para o nosso espírito. Foi então quando fui iluminado por esse entendimento:

> Deus colocou uma impressão perfeita dos planos e projetos dEle dentro do meu espírito e guardou uma cópia na "nuvem" da eternidade.

Tudo isso falando um pouco em linguagem computacional tão contemporânea para nossa geração.

No entanto, assim como em um computador, o sistema operacional pode ser danificado e/ou bagunçado por diversos programas instalados de forma maliciosa ou mesmo intencional. Entendi que meu espírito foi contaminado por projetos, programas, escolhas, decisões equivocadas e que eu precisava recorrer à cópia original que estava na "nuvem" da eternidade. Com isso, eu precisava buscar em DEUS quem Ele me projetou para ser.

Nessa busca, pude conhecer e entender que Ele deixou várias marcas no ser humano para nos mostrar que somos únicos, como já explicado neste livro.

Assim, ouvi dentro do meu ser essa frase e declarei em voz audível:

> Cada ser humano é único, assim como tudo é único na criação e como o criador é único. Logo, tudo tem um propósito certo e definido para viver, ou seja, um propósito Único que está no interior de cada um. Esse é o **Propósito Central de Vida** de cada ser vivo.

Com isso, passei a identificar todas as pessoas que eu já tinha acompanhado de perto e até ajudado, seja no contato mais intimista ou mesmo em palestras e treinamentos. Todos aqueles que eu consegui tocar com essa verdade da unicidade em DEUS de cada um se transformaram em pessoas mais completas e felizes, além de impulsionadoras de outros. Ou seja, foram ativadas no seu PCV.

A criação do conceito PCV é mais um ajuste didático para auxiliar no ensino, no entendimento e na ativação de cada um, mas não é só o saber dele que fará diferença na sua vida. O que de fato fará diferença é ativar esse PCV. E, para que isso aconteça, você precisará ter esse contato com o divino dentro de você, como já explicado — e aqui quero deixar o mais claro e explícito possível.

A ativação mais completa do seu PCV acontecerá quando você se encontrar com seu Criador e restaurar o projeto original que existe na eternidade. Para isso acontecer, precisará ser feito um "recall" ou uma "formatação" do seu sistema operacional, ou seja, o seu espírito. A única forma com a qual poderá fazer isso de maneira natural e sem riscos de perdas é com o próprio fabricante, pois só Ele tem o sistema original sem falhas.

QUAL É A MELHOR MANEIRA DE RESETAR SEU SISTEMA OPERACIONAL?

Eu acredito piamente que essa seja a melhor maneira de acontecer o reset do seu sistema operacional. Pois, para mim e para a maioria das pessoas que pude ajudar nesse processo, foi o vivenciar isso que escrevo a seguir. Se não exatamente isso, algo bem semelhante. Por isso, peço que leia com carinho e, se fizer sentido para você como nos fez, então, PRATIQUE e AJA!

Existem 3 passos básicos para que o processo de reset do seu sistema operacional aconteça de acordo com a metodologia PCV. Assim como você, para formatar seu computador, precisará estar conectado à cópia original, você precisará se conectar ao dono dessa cópia, DEUS. **Esse é o primeiro passo.**

O **próximo passo** é saber qual a maneira correta de realizar essa conexão. Não pode ser com uma mídia pirata e precisa seguir o que está escrito no manual.

Disse-lhe Tomé: "Senhor, não sabemos para onde vais; como então podemos saber o caminho?"

PROPÓSITO CENTRAL DE VIDA

> Respondeu Jesus: "Eu sou o caminho, a verdade e a vida. **Ninguém vem ao Pai, a não ser por mim**. João 14:5,6

No manual está escrito que Jesus é a conexão correta com DEUS, o Pai. Então, esse é o próximo passo. **Precisa-se conhecer quem é Jesus**!

Após conhecê-lo, precisamos pedir a ajuda dEle para fazer essa formatação e restauração do projeto original, como também está escrito no manual.

> Se você confessar com a sua boca que Jesus é Senhor e crer em seu coração que Deus o ressuscitou dentre os mortos, será salvo. Pois com o coração se crê para justiça, e com a boca se confessa para salvação.
>
> Como diz a Escritura: "Todo o que nele confia jamais será envergonhado". Romanos 10:9-11

Com base nessa instrução do manual, quero te encorajar a dar o **terceiro passo**, então, a falar estas seguintes palavras em voz audível. Não precisa gritar, mas se sentir essa vontade, então grite.

Fale assim:

> Senhor Jesus, quero te conhecer melhor e também receber do Pai a cópia original e exata do **motivo principal da minha vida**. Podes me ajudar com esse pedido? Estou aqui e aguardarei com esperança que estou sendo ouvido de alguma forma.

Feito isso, e crendo nisso, basta voltar para casa com seu computador conectado a nuvem para que o processo de restauração seja iniciado e seja completado a cada nova etapa dessa restauração. E agora, que se tem contato direto com o fabricante, basta seguir sua intuição interior e consultá-lO sempre, antes de instalar novos programas. Sempre siga sua intuição interior, pois não existe um caminho certo ou errado apontado de fora para dentro e sim de dentro para fora. **Afinal, o seu sistema será restaurado desde então.**

Independentemente da sua religião atual ou até mesmo das suas práticas religiosas, esses três passos são tão necessários para você quanto para aquele que não segue nenhum caminho religioso. Internalizar-se a ponto de se conectar com o DEUS e Criador da sua vida por meio de Jesus potencializará a ativação do seu PCV de forma única e sobrenatural. Experimente. Ouse testar. Se dê essa oportunidade, afinal, o que você poderá perder ou ganhar? Uma vida cheia de resultados que produzirão mais do que você precisaria para se sentir completo, pleno? Salvação da sua alma? Amizade íntima com o Criador e Eterno? Rompimento com o ciclo de fracassos?

Quem sabe o que te reserva a vida após ativar o seu Propósito Central?

De uma coisa tenho certeza, a vida fica muito mais GOSTOSA de se viver quando ativamos nosso PCV e começamos a fluir nele.

Experimente você também!

CAPÍTULO 7

CONCLUSÃO: AGORA É COM VOCÊ

Com todas essas informações em mãos, posso garantir que você está à frente de mais de 90% da população mundial. Pois, como já explanamos aqui, temos a convicção que nem 10% das pessoas conhecem seu PCV e, se o conhecem de forma empírica, nem todas elas "Fluem" nesse poderoso "rio". No entanto, as que fluem, estão cada vez mais "completadas" pela reciprocidade do Universo e pela Gratidão mútua que recebem.

Então, lançarei algumas perguntas:

- O que você fará com tudo isso?
- Como viverá sua vida com esse conhecimento?
- O que no mundo ao seu redor irá se transformar agora?
- Quem você será e viverá a partir de já?

Com isso quero expressar aqui a minha gratidão em poder compartilhar não tudo, mas mais que o essencial para que você se transforme em um rio caudaloso e influenciador do bem. Mais do que ser esse rio, desejo que você seja TUDO aquilo que só VOCÊ pode ser. Que não retenha nada, entregue TUDO, faça TUDO e receba TUDO o que é seu por DIREITO e por recompensa do excelente trabalho da sua vida. Com isso, sei que contribuo para que VOCÊ se torne um LEGADO e que esse legado se torne VOCÊ, então, que esse ciclo se ETERNIZE por gerações a fim de que todos nos tornemos mais completos e completados.

Agora VAI e FLUA como um rio, pois você precisa ser o que você e o mundo precisam que você seja. Ou seja, simplesmente VOCÊ!

Um beijo enorme no seu coração. Um abraço apertado do "irmão" URSO e, se DEUS permitir, espero poder te abraçar pessoalmente e ouvir um pouco desse projeto maravilhoso de vida que recebe o SEU nome.

Paz e prosperidade.

Shalon

CAPÍTULO 8

DECLARAÇÃO PODEROSA

Essa é a declaração que deverá ser repetida por 30 dias seguidos, logo ao acordar e antes de se deitar para dormir. Fazendo isso, você irá condicionar seu consciente e inconsciente a obedecerem a sua grande descoberta. Fazendo isso, a fluidez do seu PCV será o mais natural possível e as consequências de esse fluir também serão constantes na sua vida.

Obs.: Essa declaração foi baseada nos 10 pergaminhos de Og Mandino.[26]

- Declaração de compromisso:

    Hoje começo uma nova vida.

    E juro solenemente a mim mesmo que nada retardará o crescimento de minha nova vida. Não perderei um dia sequer destas leituras, pois este dia não pode ser recuperado nem posso substituí-lo por outro. Não devo, não quero quebrar o hábito de ler diariamente esta declaração e, em verdade, os poucos momentos passados cada dia com este hábito são apenas um pequeno preço a pagar pela felicidade e êxito que serão meus.

---

[26] MANDINO, Og (Augustine Mandino) (12 de dezembro de 1923 – 3 de setembro de 1996) foi um escritor nascido na Itália e que viveu nos Estados Unidos da América. Fonte: Wikipédia.

Ao ler e reler as palavras dessa declaração a serem obedecidas, nunca permitirei que a brevidade ou a simplicidade de suas palavras me faça encarar a mensagem como se fosse superficial.

Insistirei em cumprir com o meu Propósito Central de Vida até que eu simplesmente flua nele como um rio flui para encontrar o mar. Não deixarei de viver esse meu propósito, pois eu e somente eu sou responsável pela manifestação dele.

Deixarei que o amor flua através do meu Propósito Central de Vida ao ponto de tocar a todos que passarem por mim e em especial aqueles que estão bem perto.

Hoje minha pele velha se assemelha a poeira. Andarei a prumo entre os homens e eles não me reconhecerão, pois hoje sou uma nova pessoa, com uma vida nova.

CAPÍTULO 9

QUERO TE CONHECER

Este livro não é apenas um projeto para ficar em sua estante glamorosa de livros. É também uma oportunidade de criar um poderoso networking.

Quero muito ouvir ou ler tudo o que você experimentou durante essa jornada. Para que isso seja possível, estou criando um canal direto para receber seu contato e agendarmos uma videochamada em grupo, em que leitores de todos os lugares poderão compartilhar suas experiências.

Basta apontar a tela do seu celular para o QR Code a seguir e nos encontraremos do outro lado.

Se você estiver acessando este livro pela versão digital, basta acessar o link:
t.me/PropositoCentraldeVida